用孩子
的逻辑
化解孩子
的情绪

王劲松 / 编著

吉林文史出版社
JILIN WENSHI CHUBANSHE

图书在版编目（CIP）数据

用孩子的逻辑化解孩子的情绪 / 王劲松编著 . -- 长春 : 吉林文史出版社，2023.5

ISBN 978-7-5472-9146-7

Ⅰ . ①用… Ⅱ . ①王… Ⅲ . ①儿童教育－家庭教育②儿童－情绪－自我控制 Ⅳ . ① G782 ② B844.1

中国版本图书馆 CIP 数据核字 (2022) 第 196644 号

用孩子的逻辑化解孩子的情绪

YONG HAIZI DE LUOJI HUAJIE HAIZI DE QINGXU

编　　著	王劲松
出 版 人	张　强
责任编辑	张涣钰
封面设计	郑金霞
出版发行	吉林文史出版社
地　　址	长春市净月区福祉大路 5788 号出版大厦
印　　刷	天津海德伟业印务有限公司
开　　本	640mm×910mm　　1/16
印　　张	12
字　　数	113 千
版　　次	2023 年 5 月第 1 版
印　　次	2023 年 5 月第 1 次印刷
书　　号	ISBN 978-7-5472-9146-7
定　　价	69.00 元

"妈妈，送你礼物！"

基本每天我接女儿放学的时候，小家伙都会郑重其事地馈赠我礼物。

摊开她的小手，总会有一些彩色的纸块、亮晶晶的饰片以及小珠子等物品。她每天雷打不动地在幼儿园的操场上收集这些宝贝，并且等待我接她的时候送给我。

我每次都很感谢地接过来，很感谢她提醒我，我小时候眼睛中的世界也如这般美好：偶然就可以捡到的彩色石块；马路牙子上被太阳反射得闪闪发光的物体；小纸片上一个精美的图案……常常让我叹为观止，半天不能动弹。那时，一块普通玻璃和一块钻石在我的眼中没有分别。

你看，经由孩子眼中的世界，手里赠送的礼物，我们了解了一个孩子的大脑空间所承载的喜怒哀乐，她的世界是我们曾经丢失了的、麻木了的和忽略过的，现在，当你认真亲近她时，她就会以她的逻辑方式呈现出她所理解的美好和忧伤。

所以，有人说，孩子太小什么都不懂，或者自己耗尽气力却始终走进不了他的世界，那是因为你可能并没有从孩子的逻辑感受他的世界，感受他的情绪。

你常常以权威者的角度站着给他下达指令，不允许他说一个"不"字，你只想表达但好像从来没有准备好倾听，你像审问犯人一般的交流让孩子欲言又止。不是吗？他的生命需要赞美和肯定，正如你也曾多次无意中感受到他所带来的一次次喜悦和美好，但是你常常不去学习如何肯定，倒是不如你意时，直接强硬地拒绝。

当然，你可能不是这样的人，你或许对孩子的请求有求必应、一味妥协，以致他任性妄为，毫无半点素养可讲。

无论怎么样，这都不应该是爱孩子的你所实施的健康教育，你可能正在把他从曾给你美好的世界中逐步抽离出来，然后将自己混乱的、强硬而冰冷的成人世界塞给了他。

如果是这样，我们怎么可能还要求他如初生时那般纯洁、像摇摇晃晃迈开人间的第一步时那般珍贵？我们正在做的，可能正是因为没有遵循孩子自身的成长规律，而逐步瓦解着孩子生来美好的情绪状态。

曾看到一篇文章中写道："每一个渐渐长大的孩子，如果成人爱他，他也会认为自己是可爱的。他会感觉到自己是天地间的一个宝贝，他生命的存在就是一个大优点。假若成人粗暴地打击他，奚落他，嘲讽他，鞭挞他，那脆弱的小生灵，就会被利剪截断他的双翅，从此萎靡下来，或许跌落尘埃一蹶不振。"

是的，我相信天下没有教育不好的孩子，只有方法不对头的家长。

每个孩子都有一片属于自己的天空，这片天空藏在他们的大脑深处。作为家长，要试着用一个鼓励的眼神，一句温暖的话语，一丝期望的微笑，努力擦净他们天空里的每一丝阴霾。

本书的写作，我以一个青少年心理工作者的角度，尝试着将我所经历的诸多家庭的亲子关系中所常犯的问题梳理出来，旨在引导家长朋友们从孩子的思维逻辑出发，逐步化解孩子在成长过程中所呈现出来的不良情绪。

教育孩子是我们成年人面临的人生重要课题。虽然本书的写作内容不能全部涵盖每个家庭中孩子各成长阶段所面临的亲子关系问题，但是我还是尽量通过利于大家理解的引导、尊重、倾听、提问、肯定和拒绝等几个篇章作为划分，并且全部穿插最为贴近生活的相关案例，部分重要内容还提出了实操要点，以此帮助有需要的为人父母者作为参考。

最后，祝福天下所有家长都能养育一个健康、快乐、向上的好孩子！

CONTENTS

目 录

第一章

高效引导，孩子自然会改变

　　不同年龄段的孩子呈现出的成长问题不同，而且同一个孩子可能也同时存在着多种成长问题，那些爱打架的、动不动说狠话的、脾气火暴的、妒忌心强的，包括有恋物癖的孩子，都需要家长做好情绪引导工作。一旦引导恰当，孩子自然就会改变。

"小霸王"也能知错就改

如果孩子在幼儿园受到了欺负，当家长的心里免不了心疼和着急，但是，对于那些在幼儿园"称王称霸"的孩子家长来说，同样也存在着烦恼和焦虑：怎么样才能让孩子改掉爱打人的毛病呢？

有的家长口苦婆心地教育孩子："打人之后要道歉，要说对不起！"结果，孩子确实这样做了，却不知道自己是不可以随意打人的，对小朋友依然照打不误。对此家长还很纳闷，自己明明辛苦教育了，可是为啥孩子还屡教不改呢？他们不知道重点在于让孩子停止打人的行为，而不是过后的补救工作。

也有的家长会通过极端的打骂教训孩子，比如有些爸爸往往怒气冲冲劈头盖脸地一顿责骂，不分脑袋屁股先打孩子一顿："看你下次还敢不敢打人！"这样的惩罚，会让孩子更加认同以强欺弱的生存方式，同时也学会把打人看成是发泄情绪的手段。

那怎么样才算是合适的惩罚，让孩子意识到错误并改正自己的行为呢？

1. 说理法 + 冷处理法合并使用

举个例子来说：

萌萌妈在接萌萌放学回家时，幼儿园老师说萌萌因为争夺玩具而打了莉莉，萌萌妈知道后让萌萌对莉莉道歉，虽然萌萌道歉了，可是明显想敷衍了事。虽然莉莉妈妈表达说没事，但是萌萌妈妈依然严肃地说："道歉不够，你必须把玩具让给莉莉玩，谁打人谁就没有资格玩玩具。"萌萌哭闹着不肯给，最后看到妈妈威严的神情，只好把玩具给了莉莉。萌萌想回到妈妈怀里，但是妈妈对他很冷淡，这让萌萌很不安，担心妈妈不喜欢自己了，最后搂着妈妈脖子说："妈妈，你不要不理我，我以后再也不打人了。"

萌萌妈在孩子打人后，不仅惩罚他失去了玩玩具的资格，还在情感上有意疏远了他，这样做让萌萌深刻地认识到了打人之后要付出的代价。

萌萌妈的做法无疑是很恰当的，惩罚孩子的时候一定要注意一些原则：第一，要注意就事论事，不要上来就是"你这个不听话的孩子""你这个坏孩子"，这样的笼统而负面的评价很有可能影响到孩子的自身评价；第二，惩罚及时也很重要，不要事情过去了很久才想起惩罚，这样同样于事无补；第三，一定让孩子知道为什么而受到惩罚，对惩罚的原因不能糊里糊涂；第四，惩罚也不要过于严厉，不要因为惩罚而影响到了孩子的积极性和创造性，最后搞得适得其反就糟了。

2. 隔离法 + 取消孩子既得利益

采取隔离法和取消孩子既得利益的方法来给孩子惩罚，也很有效。比如让孩子单独一个人思过，让他感受到冷落。如果他每天从幼儿园回来之后都要吃水果和零食，那么就停止一天他的这个权利，这些方法对 3~6 岁的幼儿园孩子更有效。

3. 教给孩子一些基本社交技巧

孩子和小伙伴打架，一般情况下是因为缺乏协商技巧，如果没有成年人引导，他们是不会"轮流玩"玩具的，当有玩具时，小朋友们的第一反应是用力抢夺，因此，当发生类似情况时，爸爸妈妈要教给他一些社交的技巧，如"你玩够了，可以给我玩吗""我们一起玩好吗""我们排队轮流玩"等等。

4. 及时强化孩子的良好行为

对孩子良好的行为，家长要及时强化，也有利于让孩子改掉打人的毛病。如孩子学会了和小朋友商量玩玩具而不是上来就抢，家长这时候要大加赞扬，用这种正向的强化法纠正孩子的不良行为。

5. 避免暴力、血腥类内容的摄取

孩子出现暴力行为也和媒体上暴力内容的教唆作用有着很大的关系。这个时候的孩子很容易模仿崇拜人物的行为，尤其是一些孩子在看了影视中某些人物实施攻击性行为后扬扬得意的神情，觉得攻击行为非常痛快和过瘾，从而进行模仿。

因此，家长应该有意识地为孩子筛选节目，避免让孩子观看那些暴力镜头，尤其是血腥、杀人的镜头。当然，很多儿童的动画片也会有一些"好人"打"坏蛋"和"坏蛋"打"好人"的镜头，这时候家长最好引导孩子分清谁是伸张正义，谁是滥施暴行，谁是非法攻击，谁是自卫反击。

家长如果能和孩子一起观看影视片，并适当地发表自己的意见，也是教育孩子很好的契机，这样可以帮孩子分析影视里和生活中情况的不同，以及暴力行为的坏处，告诉孩子什么才是真正的英雄，提高孩子的是非辨别能力。

需要注意的是，有的家长看到孩子爱打人，就禁止孩子和其他小朋友玩，这种做法是非常不妥的。爱打人的孩子其实更需要通过和小伙伴的交往养成良好的社交习惯，需要在家长的引导下学习正确的社交方法。

抱着小熊才有安全感

提到毛茸茸的玩具小熊，这应该是很多小女孩的最爱，但如果孩子把玩具小熊时时刻刻都带在身边而不撒手的话，你会怎么想？

婷婷是幼儿园中班的小朋友了，可是她仍然在幼儿园里不能放下她的宝贝玩具小熊，即便是写字、做手工的时候她也要把小熊放在桌子上。如果幼儿园有小朋友碰了她的这个宝贝，她就会对人家怒目相向，更不要提有调皮的孩子故意拿走她的玩具小熊了——她能舍命索要回来。回到家里，婷婷也依然对小熊不离不弃，睡觉的时候也要搂在怀里，有时候睡得迷迷糊糊的，小手摸不到小熊，她就会立刻紧张地醒来，哭闹不止，直到家长帮她把小熊塞到她的怀里。

这样的孩子，让婷婷妈妈有些发愁，因为老师告诉她，婷婷在幼儿园几乎没有朋友，她只和自己抱着的小熊说话。

    实际上，这是典型的"儿童恋物癖"，这样的孩子一旦离开某一种陪伴很久的熟悉东西，就会出现忐忑不安的行为。当然，有些孩子依恋的可能是毛毯、枕头，或者睡觉时习惯枕着的爸爸妈妈的胳膊，还有的孩子需要吮吸着手指头才能入睡。

    这种行为的产生多为安全感匮乏引起，因此把情感寄托在某些物品上，比如婷婷的小熊一定承载了孩子的无限安全感。

    虽然儿童时期的恋物癖只是一个自然阶段，家长强行制止反而会适得其反，但是像婷婷这样过分依恋小熊，未来就可能影响正常的社会交往了。

    问题不复杂，既然缺乏安全感是孩子产生"儿童恋物瘾"的根本原因，那么家长应该从加强孩子的安全感来着手改善问题，努力创造一个开放、温暖、互动的家庭环境，转移其注意力。

方法如下：

1. 每天给孩子一个亲密的拥抱

很多家长都很重视孩子的早期教育，但是却缺少和孩子亲子互动的意识。孩子上了幼儿园，尽管已经不像3岁前那样频繁需要拥抱安抚，但是爸爸妈妈，尤其来自妈妈的经常性的拥抱和爱抚，依然是孩子心理健康成长所必需的养料。

因此，每天早上孩子上幼儿园之前，给他一个拥抱和亲吻，是他一天有无安全感的关键；晚上回来时，再给他一个拥抱和亲吻，能让他安静地度过一个晚上，而不是无奈地只能通过贴身玩具获得安全感。

尤其在孩子害怕、受挫和失败的时候，更要紧紧抱着孩子，告诉孩子："不要怕，我在这里陪着你……"拥有父母强大的爱做后盾，孩子就会慢慢脱离对物品的依赖。

2. 陪伴孩子慢慢过渡到独立阶段

有的孩子过早独自一个人在房间睡觉，如果处理不好，他也可能会感觉安全感不足而对某种物品特别依恋。孩子本能害怕黑暗，如果强硬让孩子与父母分开睡觉，孩子由于恐惧，安全感会很低，因此，即便是希望孩子独立，也要做好慢慢过渡的准备。父母刚开始应该陪伴孩子，等到孩子睡熟了之后再离开，而一旦孩子有了动静或者哭声，尽量要赶到孩子身边，让孩子知道，不论发生什么事情，父母都会第一时间来帮助他共同面对。

3. 避免不适信息内容以防止引发恐惧

平时，还应该注意不要让孩子过早接触那些血腥暴力的电视镜头，一些过于悲惨的童话故事也不要讲给孩子听，或者在讲故事的时候故意淡化这些情节，以免给孩子心灵留下阴影，造成恐惧。

另外，平时父母也应该给孩子多一些赞扬和鼓励的话语，这些话语会在无形之中滋养孩子的安全感和价值感，"你做得真好""无论怎么样我们都爱你"，这些话语传递的是：我在乎你，你是最重要的，最可爱的，因此可以让孩子的内心产生对自我价值的认同和无比坚实的安全感。

爱发脾气也没关系

日常生活中，我们经常在社区、公园、超市或朋友家中看到爱发脾气的孩子，当然，其中也可能包括我们自己的孩子。有些孩子脾气更大，甚至不分场合地撒泼打滚，这让很多家长大为恼火又无可奈何，真是打也不是，不打也不是。

对于发脾气的孩子，一方面要尊重和满足孩子的需要和感受，另一方面要小心地选择不伤害孩子自尊心的方式来规范和纠正他们的行为。

对于正在发脾气的孩子，家长可以马上做出的反应是：

不去理睬他，有时候因为没有人关注他，他自己就会停止。要告诉他，哭闹是没有用的，只有好好说话，家长才能注意听。如果孩子一发脾气就能得到他想要的东西，那么这个"发脾气"会成为孩子的一个撒手锏，动不动就拿出来胁迫你。

你也可以用转移注意力的方式让他停止哭闹，如打开一段旋律愉快的音乐，让音乐去感染孩子的情绪，或者提出一个建议，让孩子和你一起去做，这样或许就能冲散他的怨气。

对于理解能力比较高的孩子来说，你可以蹲下来认真告诉他：他无理取闹地发脾气，会让你很生气，并且你将不愿意和他在一起。但是，尽管你生气或者暂时离开了他，你心里还是爱他的。否则，孩子会担心失去家长的爱而学会压抑自己的愤怒，这对孩子的身心健康也不利。

对于三四岁的小孩子来说，家长不妨用幽默的口气来逗逗孩子，有时候也可能会起到作用，如，你可以绷起脸来说："从现在起，我们谁都不能笑……哦？我怎么看到一个孩子已经忍不住笑了呀……哈哈，你笑了！"

在孩子发脾气的时候切忌和孩子大吵大闹，这样做不仅会延长他发脾气的时间，而且这样的负面情绪会在不久的将来重复出现。但是，如果你拒绝孩子发脾气，那么他自己会很快平静下来。

还有，在孩子发脾气的时候不要试图和他讲道理，因为，当一个人处于情绪的旋涡的时候，什么道理都是听不进去的。等事情过去了，等他平静下来的时候，再和他谈谈，这样效果会更好。

如果你的情绪很容易被孩子负面的情绪点燃，孩子一生气你也变得怒气十足，那么，就请先离开房间，先让自己平静下来。

在孩子发脾气时坚持你自己的立场很重要，在孩子发脾气时候秉承的原则应该是：温和而坚定。

在孩子发脾气时，可以引导孩子做好自己的愤怒情绪管理，这对孩子来说，意义深远。

1. 让孩子将负面情绪大声喊出来

当孩子处于强烈的负面情绪时，他的内心会积压着很大的能量，如果这些能量得不到宣泄，对孩子的身心都是不利的。不妨让孩子大声喊出自己的情绪，如："我很生气！我很生气！"当然，这个时候你应该严肃对待孩子的感受，当他宣泄完了，再去问他的原因以及帮他解决问题。

2. 引导孩子找到某些东西来宣泄

当孩子心里不愉快时，可以让他找自己最喜欢的玩具来诉说，或者看自己喜欢的动画片和故事书，也可以找东西来宣泄，但是不能攻击人，可以用棍子打一棵树，用拳头捶打毛绒玩具等。

3. 以身作则接纳负面情绪

如果你指责孩子的情绪，如"你怎么这么爱生气呀！""你性格怎么这么差呀！"就会让孩子产生自责内疚的负面心理。

正确的做法是，让孩子知道生气是每个人都有的情绪，如果你能正确面对和接纳自己的负面情绪，就可以给孩子做个很好的榜样。如果自己有负面情绪的时候也可以适时告诉孩子，如："妈妈现在有点烦，不过和你没关系，我想一个人待会儿，好吗？"

我缺爱，所以我嫉妒

放学的时间到了，*丝丝妈妈*带着二女儿去学校门口接*丝丝*。刚到学校门口，*丝丝*的班主任就向*丝丝妈妈*反映情况，说*丝丝*同学上美术课时故意用彩笔涂抹同桌小雨的画，原因是小雨的那幅画受到了美术老师的表扬。而当美术老师询问原因时，*丝丝*却大声嚷道："我就是接受不了她比我画得还好！"

*丝丝妈妈*听了有些惊讶，还从班主任口中得知，*丝丝*最近在班级也有些异常，她对任何方面突出的孩子，都较为排斥，搞得同学关系非常紧张。

*丝丝妈妈*忽然想起，即使在家里，*丝丝*也会非常排斥妹妹，甚至看到*丝丝*把别人送给妹妹的新衣服给剪了个洞。看来，这是不经意间让*丝丝*感觉自己不被重视了。

没错，家有二胎的家庭，往往容易在有了第二个孩子后，忽略了老大的感受。出于一种对爱的争夺，老大会对老二形成强烈的嫉妒心理，认为是小弟弟或小妹妹的到来导致了自己被忽略。而*丝丝*在学校的表现，实际上只是家庭中的情景外化而已。

*丝丝*故意涂抹同桌的画和她剪妹妹衣服的行为如出一辙，其行

为背后都深藏着爱的渴望。正是没有得到足够的爱，才让丝丝的性格发生了变化，扭曲成为嫉妒心理。

一个不能得到关注的孩子，就会产生悲伤、无奈、紧张、害怕的心理状态，整日生活在一种提心吊胆、痛苦无奈的压抑情绪中。这样的情绪一旦遇到不开心的事情，就很容易升级为攻击行为。一旦出现这样的行为，就会造成孩子和伙伴之间的紧张，人际关系不和谐、孤独、不合群，这又继而使孩子的自卑和焦虑心理加重，最后形成一个恶性循环。

要平息孩子的嫉妒之火，避免孩子形成不良的性格，家长可以试着从以下几个方面入手：

1. 避免与其他的孩子进行比较

很多家长为了刺激孩子做出改变，会习惯说："你看人家某某，就会自己照顾小妹妹！""你看人家某某，就是乖，哪像你这么不懂事！"家长这样刺激的结果很容易让孩子将敌对情绪针对那个受表扬的孩子，甚至不惜放弃和这个小伙伴的友谊来维护自己的自尊，而很难从提高自己的能力方面入手考虑问题。因此，家长这样的比较不仅不会促进孩子进步，反而会滋长孩子的嫉妒心理。

2. 首先肯定孩子的情绪

孩子在表达嫉妒时是非常直接的，如丝丝在将小朋友的画涂抹时直接向老师表达的是："我就是接受不了她比我画得还好！"这时候如果遭到老师或者家长的斥责："你怎么这样心胸狭隘！"或者有的家长这时候有可能就动手打孩子了，这样的结果使孩子的嫉妒之火非但没有扑灭，反而有助长的趋势。

当她表达嫉妒的时候，应先去肯定她的情绪："她画得比你好，这让你很生气，是吧？"当孩子的情绪得到认可的时候，她的愤怒往往会减弱甚至消失，然后，再进行引导，更容易得到孩子的接受。

她需要有人倾听她的诉说，并理解她、体谅她。很多时候，我们微笑的眼神、轻松的语调就能化解孩子的不良情绪，有效控制嫉妒心理。

3. 安抚情绪，忽略行为

为了引起关注，有些孩子甚至故意搞破坏，哪怕换来的是批评，但即使是批评，也是一种变相的关注。如果家长发现有这种情况，就需要在充分满足孩子爱的需求的情况下，尝试给予他更多的抚慰和鼓励，而"忽略"那些破坏行为，并尽量只是对他进行平静、简约的批评。这样几次下来，因为得不到预期的"关注"，孩子就会觉得没意思而可能放弃搞"破坏"了。

输赢之中藏着收获

牛牛是个争强好胜的孩子，和爸爸妈妈玩游戏一定要他赢才行，否则就会闹个不停，这让爸爸妈妈总得故意输掉游戏。在幼儿园里，牛牛也必须当主角，老师要是夸奖了别的小朋友而没有夸奖他，他就会很不乐意，要是再批评他几句，自尊心非常强的他就更难接受了。牛牛还特别喜欢什么事情都和小朋友们比较，但大多时候都是以他生气，甚至采取极端方式而告终。有时候他比不过别人，竟然会说出"我有舅爷，你没有"或者"我胳膊上有痦子，你没有"这样的话来，真是让人哭笑不得。

牛牛这样的孩子，万事求好求胜，一旦落后或受到批评就无法接受，这实际上是需要家长反思的，因为这一定与家长的不当教育有关。

比如家长过度赞扬孩子的某个长处，这样孩子无法认识到自己的缺点和不足；家长过于袒护孩子，为了让孩子高兴而故意输掉比赛，家长对孩子期望值较高，导致孩子好胜心强而无法接受失败，或者因为过于强调结果，只争第一而不关注过程。

孩子争强好胜，没有绝对的对错之分，但有好坏两个方面存在。好强、上进本是好事，这是让孩子成长的动力，但好胜心过于强烈往往滋生自私、嫉妒、霸道，缺乏团结和团体精神。因此，要对孩子争强好胜予以肯定，但一定要合理地引导，最终让孩子不仅与人随和，内心也能更加强韧。

1. 家长以身作则，心态要平和

家长是孩子最好的榜样，不论升职还是失业，不论得到还是失去，家长如果都能保持一个良好的平和的心态，对孩子来说就是最好的示范，孩子从中也能学习到这种宠辱不惊的品质。

2. 引导孩子关注他人闪光点

当孩子和小伙伴在一起时，有意识地引导孩子去欣赏别的孩子身上的优点和长处，让孩子懂得赞美别人，而不是只看到自己身上的长处和别人身上的缺点。

3. 在遵守规则前提下享受过程

在和孩子做游戏时，不要总是故意输给孩子，让孩子明白，重要的是在遵守游戏规则的前提下享受游戏的快乐，而非争第一。游戏都是有赢有输的，赢得起更要输得起。

4. 引导孩子学会借鉴他人经验，让自己更进步

平时不要总把孩子和别人家的孩子进行比较，分出孰优孰劣，不要说"谁不如谁"，这样很容易让孩子对别人形成对抗心理。应该让孩子和自己的过去做比较，夸奖孩子获得的新技能和新能力。对于其他孩子，可以借鉴他们的经验促使自己的孩子进步。

5. 降低过高期望值

不要给孩子过度的压力，更不要总是把"第一""最好"挂在嘴边，尽量让孩子在宽松的环境里成长。只要孩子尽力了，就要由衷地赞美他，对于存在不足的孩子，要给孩子创造环境使其进步而不是指责孩子。

6. 教会孩子面对失败

当孩子失败的时候，给孩子多讲讲失败者后来居上的故事，让孩子明白胜负只是一时的，关键在于自己的努力。失败是成功的动力，它并不可怕。

与那些争强好胜的孩子相反，有一类孩子什么事情都不喜欢和别人竞争，凡事都不爱出头，能躲就避，学校或班级不论搞体育比赛还是歌唱比赛，这样的孩子都不太喜欢参加。这种缺少竞争意识的孩子也同样令父母担忧。

这就需要一个合理的"度"，能让孩子通过自己的努力在竞争中获得成功，同时又能轻松生活，不必为自己不是"第一"而焦虑。具体怎么办呢？

1. 尊重孩子的性格特点，发展孩子的兴趣特长

家长需要在了解孩子的基础上，尊重孩子的性格特点去发展孩子的兴趣特长。比如有些孩子做事沉稳，有耐心，家长就应多在这

方面去引导。当孩子明白自己的耐性更强就会在竞争耐力的竞赛中容易胜出，有了鲜明的个性以及自我意识之后，对自己的认识更为清晰。在这样的前提下，孩子在竞争的时候就会更加有优势。

2. 帮助孩子创造竞争机会

根据孩子的意愿，家长可以尽量帮助孩子制造一些竞争的机会，通过充足的准备，培养孩子对于竞争的渴望和期待；通过反复的练习，增强孩子对压力的承受能力，以及意志的顽强、策略的灵活。有时候也可以引导孩子做事时，在头脑里假想一个竞争对手，以提高自己的效率。

3. 享受竞争的快乐，客观对待竞争结果

在父母不给孩子过多压力的前提下，孩子才能以放松的心态进入竞争状态。在孩子失败的时候，积极表现出我们对孩子的理解和同情而非责骂和讽刺。在孩子能平心静气地面对这件事后，再和孩子一起讨论失败的原因是什么、差距在哪里，下一次遇到相似的情况时，可以吸取的教训是什么。

我懂你为什么"说狠话"

兰兰和妈妈在小区的健身器材区玩仰卧起坐器，这时候过来一个小朋友，在邻近的另一个仰卧起坐器上玩。在这个小朋友离开后，兰兰马上到那个健身器材上去，打算和妈妈各有一个器材可以玩。结果，兰兰的屁股还没坐稳，那个小朋友就飞快地跑过来，举起小拳头就要打兰兰，兰兰也要踢他。见此情景，兰兰妈赶紧把兰兰拉开了，把她抱到自己这边的器材上来。结果兰兰也不玩了，小嘴一撇："妈妈，我要回家！"

兰兰爸正在家里和朋友聊天，很奇怪她们为什么回来得这么快，兰兰妈就把刚才的情景讲了，并且为那个小朋友解释了一下："那小朋友以为你要抢他的地方，所以着急了。"

"我要玩橡皮泥！"兰兰突然叫道。

"一会儿就睡觉了，还玩橡皮泥呀，你的小手弄脏了不好清洗啊！"妈妈感觉她有点不讲道理。

"我就要玩橡皮泥！不让我玩，我就打你，我打死你！"兰兰一边说还一边过来打妈妈。

当时家里还有客人，这让兰兰妈感到很尴尬，不知道孩子怎么变得这么没有礼貌，而且家里人也从来没有这样说过她呀！这孩子的话是从哪里学来的呢？

实际上，这是兰兰在和小朋友争夺健身器材时积压了怨气和委屈，没有及时地发泄掉，回家后，妈妈当着众人的面把自己受委屈的事情又说了一遍，并且还站在对方小朋友的角度说话，这让兰兰将对那个小朋友的愤怒转向了妈妈，把妈妈当成了出气筒。

没有一个孩子会无缘无故说这样的话，一定是在身边的环境里学习来的。日常生活中，家长之间闹着玩时不经意的几句玩笑，家长教训孩子时候不小心冒出的狠话，或者哪个小朋友生气时候发泄的语言，幼儿园老师在孩子不听话时候，也有可能用狠话来吓唬他们，这些都会印在孩子的头脑里。

说狠话当然不是文明之举，那家长应该如何正确引导呢？

1. 转移孩子的注意力

悦悦和邻居家的小女孩亮亮一起玩捉迷藏，游戏正在兴头上，爸爸过来打断悦悦，说要带他去看牙医。没想到，悦悦大声说："我不去，我正和亮亮玩呢！"爸爸反复解释必须停下游戏去医院时，悦悦哭着嚷道："你真讨厌！"爸爸没理睬他，一边拉着他的手向车走去，一边对他说："你看我们小区的健身器材安装好了！你最喜欢哪一个设备？"悦悦笑着说："我喜欢荡秋千！"爸爸就说："咱们看完牙齿回来，就让小伙伴们也来这里，和你玩荡秋千吧！"悦悦很自然地回应道："好吧！"

2. 使用"我"开头来表达情感

当5岁的牛牛对妈妈进行了"人身攻击"后，牛牛妈忍住没有立刻爆发："你这个坏孩子，从哪里学来的这些恶心的话？你要气死我了！绝不要和妈妈说这样的话！"而是这样说道："听到你这样说，我感到很生气。也许你以后就不会这样说了。"

以第一人称"我"开头的话来表达自己的感情，不会伤害到孩子，但是，以第二人称"你"开头的话语，容易包含对孩子人格的攻击，而且这种话语几乎总是使孩子产生敌对情绪，更会让孩子产生逆反心理。

3.用"是的，一……就……"类句式缓解孩子情绪

一般情况下，孩子冒出"狠话"，都是在产生对抗性的谈话之后，如孩子要在吃晚饭的时间出去玩，而你说："不行，你没看到马上吃饭了吗？"在这种情况下，孩子的"狠话"很容易脱口而出，为了预防和阻止孩子说出你不爱听的话，你可以用"是的，一……就……"或者"等一等"这样的话来缓解他的情绪。如你可以说："是的，宝贝，咱们一吃完饭，你就可以出去玩了。"

不论孩子愤怒中说出来的话是多么令你伤心，你都要坚持自己的立场。其实，孩子并不是真正地讨厌你，痛恨你，而是不喜欢你给他设定的界限而已，因此，只要用孩子的逻辑去化解孩子的情绪就好，不必把孩子的话放在心上。

别着急，"口吃"可以矫正

3~6岁是孩子语言发展的关键期，细心的家长一定会有所留意，自己家刚刚上幼儿园的孩子，回到家时基本可以讲述自己在幼儿园发生的一些零星琐事。当然，其中也有家长会发现，孩子在描述时，总是结巴，比如会"我……我……我"地重复很多次，然后才能慢慢讲下去。

然然爸爸就是发现然然有这样的情况，非常着急，担心孩子会成为结巴，就训斥然然道："不许这样说话！"结果，越是这样强调，然然越是结巴，后来索性就不爱主动说话了。有时，当他想要表达自己的想法时，因为出现结巴情况而大发脾气，甚至把手里的玩具都摔坏了。

实际上，然然这种情况是3~6岁的孩子最容易发生的"口吃"现象，是一种常见的语言流畅性障碍，主要表现为说话时某些字或音的重复。尽管这个阶段孩子口吃的发生率极高，但是绝大多数都能自然缓解或逐步纠正。

一般而言，造成孩子口吃现象出现，主要有以下几种因素：

1. 大脑中的词汇存储匮乏

这个阶段的孩子正处于具体形象记忆阶段，虽然认识的事物很多，但是真正掌握的词汇较少，而且也不牢固。当孩子想表达一件事情的时候，他在大脑里一时搜索不到合适的词汇，再加上发音器官尚未成熟，对某些发音感觉困难，而神经系统调节言语的机能又差，因此，年龄越小的孩子越容易出现口吃的现象。

2. 陌生的环境与人导致神经紧张

神经紧张也是引发孩子口吃的因素。如果孩子从小接触的事物少，当他遇到新环境或者陌生人时，就会因为紧张而造成口吃。或者孩子抢着和别人说话，很想表达自己的看法时，也会因为激动和大家对他的关注而口吃起来。

3. 家长的不当训斥

当孩子出现口吃时，有的家长会像然然的家长一样，大声训斥孩子，或者压制孩子说话和申辩的机会，这会让孩子因为自卑和焦虑而口吃得更严重，或者出现然然那样大发脾气的现象。

4. 突发事件造成的精神创伤

一些突发的事件给孩子造成了重大的精神创伤，也有可能引起孩子的口吃。如突然搬家、父母去世、被父母打骂、突然受到惊吓等，这些都会引起孩子心理上的冲突、恐惧、焦虑和不安，成为孩子口吃的导火索。

需要注意的是，6 岁前的孩子口吃，如果是因为心理障碍的原因是可以慢慢纠正的。但是如果孩子性格内向，讲不好话又经受不住周围环境施加的精神压力，长期处于紧张状态，或者过于注意自己发音重复，久之固定成习惯，口吃就会真正形成了。

要矫正这种情况，主要需要看家长的有效引导。

1. 创造令孩子心态放松的讲话环境

家长的态度很重要，不要和孩子反复强调"你又口吃了""你怎么连话都说不清楚"之类的话，也不能讥笑孩子或者模仿孩子口吃，更不能惩罚孩子，这样做不仅对孩子的口吃情况于事无补，反而会让情况变得更糟糕。

当孩子表现出口吃的时候，不要表现得很关注的样子，就当什么事情都没有发生，但要耐心地听孩子说话，让孩子将语速放慢，不用着急，语调也可以降低一些，轻柔地说话可以防止口吃。孩子的心态放轻松，讲话就能更流畅一些。

2. 促动孩子没有负担地去讲话

除了平时多注意和孩子讲话之外，还可以让孩子念儿歌、讲故事，或者引导他讲讲幼儿园发生的有趣的事情。总之，要多多练习，尽量让孩子怀有兴趣去讲，但又不能让孩子感觉有负担。

3. 指导孩子缓慢说出句子中的第一个字

孩子口吃一般是因为对短语的第一个字发音感到困难，如果发音过重或者过急，就可能产生口吃现象。因此，要引导孩子缓慢地说出句子的第一个字，之后再逐渐大声过渡到第二个字，慢慢让孩子形成这样的习惯，就能预防口吃的毛病。

4. 多带孩子接触外界

有些孩子口吃是因为内向和懦弱的性格。家长可以多带孩子和陌生人接触，多参加一些群体活动，让他们的性格有所改善。在减轻了紧张的情绪之后，孩子口吃的行为也可能会逐渐改正。

提醒家长朋友，在孩子 3~6 岁的语言学习关键阶段，孩子很容易模仿别人。如果孩子经常接触和模仿一些口吃的成年人，自己就极容易变得口吃起来。因此，家长一定要注意，尽量避免孩子有这样的模仿行为，也要避免让幼儿期的孩子和口吃的人有过多接触。

第二章

充分尊重，孩子自然会信任

想一想，为什么你的孩子不会和你建立信任关系？没错，缺乏尊重，这是家长与孩子不能达成相互信任的根本原因。因此，学会蹲下来、允许孩子说"不"、给孩子贴上利于他成长的积极性标签等，才有可能重新建立和巩固彼此的信任关系。

蹲下来，摸摸头，聊聊天

在很多家庭，家长习惯于站着和孩子沟通，如同上下级关系一般，常常将自身的主观想法强加到孩子身上。一旦孩子的行为与自己的愿望不能合拍时，就会忽略孩子的感受，强制孩子按照自己的意愿行事，由此造成孩子与家长之间无法达成互信关系。

周末晚上，玲玲妈妈带着玲玲去参加朋友家孩子的家庭生日晚宴。生日宴的现场气氛很好——漂亮的鲜花、美味的各色美食、造型可爱的卡通玩偶……一切看上去温馨极了。

晚宴进行到一半时，玲玲妈妈本以为玲玲也会玩得非常开心，但她忽然发现女儿有些恐惧地躲在自己身后不肯出来。妈妈以为她与其他小朋友发生了不愉快，就扭身训斥了女儿几句，要求她必须赶快出来，不能扫了大家的兴致。

这个起初不被人在意的小插曲，渐渐地随着玲玲的委屈、不妥协而演变为所有人关注的焦点，大家纷纷劝阻玲玲妈妈不要责怪孩子，都认为是孩子太小不懂事。玲玲妈妈有些气愤，感觉女儿让自己陷入尴尬，她指着女儿，让她抓紧时间找到鞋子，准备离开。

玲玲委屈地蹲在鞋柜附近，左找右找，就是找不到自己的那只鞋子，她的鞋不知道被其他小孩子踢到了哪个角落去了。

　　玲玲妈妈嘟囔着，自己起身去找。就在她蹲下来时，惊讶地发现客厅的高脚沙发底下居然藏着几个缺胳膊断腿的东西，被吓得一屁股坐在地上。

　　朋友见状，也忽然反应过来，连忙向众人做出解释，原来那些是自己服装店的一些废弃的模特道具架子，因为没有来得及处理，就临时放在了沙发下面。

如此说来，不要说孩子，就连不知内情的大人，也被吓了一跳。妈妈终于知道女儿产生恐惧的原因了。但也正是从头到尾，妈妈都没有从座位上离开，蹲下来安抚孩子，也就没能从孩子的视角考虑问题发生的根本原因，才使热闹的场面中出现了一段不和谐的小插曲。

孩子无论多小，都需要被尊重，如果他只是被动地由着家长呼来唤去，哪里还有安全感和自信可言呢？

美国精神病学家威廉·哥德法勃曾说过："教育孩子最重要的，是要把孩子当成与自己人格平等的人，给他们无限的关爱。"家长如果总是以居高临下的姿态与孩子沟通，不仅得不到孩子的认同，反而会使孩子产生逆反心理，破坏家长在孩子心目中的形象。

如果玲玲妈妈没有蹲下来，站在女儿的角度，可能她始终不会从孩子的角度发现问题所在。不论女儿有多少的委屈和不安，但是习惯站着讲话的家长，就会一直被蒙在鼓里。

蹲下来吧，只有蹲下来，不再居高临下，与孩子完全处于平等时，才能与孩子建立相互之间的信任，孩子才有机会把真实的感受告诉你。

蹲下身，不仅是位置和角度与孩子保持一致，更是一种思想、观念的"放低"。与孩子站在同一视平线上交谈，孩子便没有压抑和恐惧感，可以在无形之中让孩子从小就意识到自己同家长是平等的，这有利于培养孩子自尊、自信的人格。

因此，父母一定要转变姿态，像对待朋友那样去关爱子女，真正同孩子建立一种平等尊重的朋友关系，拉近彼此的距离，从而更好地与孩子进行沟通和交流。

一天晚上，童童回家晚了，妈妈帮女儿拿下肩上的书包，接着便陪女儿吃晚饭，并告诉女儿这是特意为她准备的。妈妈还告诉女儿，她已在自家窗口向外望了很多次，盼着童童早点回来。

童童有些不好意思地告诉妈妈："妈妈，我今天陪同学买东西去了，所以回来晚了，对不起。"

妈妈蹲下身搂着女儿说："孩子，妈妈知道你是一个有责任心的好孩子，相信你不会惹麻烦，但如果你很晚不回来，妈妈会担心你遇到什么事情。以后，如果有事要晚些回来，一定要先给妈妈打个电话。"

童童高兴地亲了一下妈妈："好的，妈妈，我一定会的！"

孩子也是家庭的一员，年龄再小也有自己的尊严。童童回家晚了，但是妈妈没有对孩子进行指责和批评，而是从孩子的角度出发看待问题，并蹲下来与孩子交流，使孩子感受到了妈妈对她人格的尊重，感受到了她与妈妈在地位上的平等，孩子也认识到了自己的错误并决心改正错误。

一个家长，如果总是站着面对孩子，他与孩子的距离就不仅仅是身高上相差的几十厘米，而是两代人之间无法健康沟通的心与心之间的距离，它看似咫尺，但远在天涯。

因此，当孩子不小心犯了错，家长应蹲下来询问事情的来龙去脉，坦诚相对，帮助孩子认真对待自己的问题或缺点，改正错误。

当孩子遇到困难时，家长应蹲下来和孩子一起讨论解决方法，这样孩子就能更清楚地感受到家长支持、信任的目光，从而增强面对困难的勇气。

当孩子取得成功之时，家长应蹲下来摸摸他的头，说几句表扬的话，孩子会从父母的目光、话语中得到肯定与鼓励，以后会做得更好。

真正的尊重，是与孩子交流时，将身体与心灵同时蹲下来，将它们与孩子的身体与心灵置于同一高度，只有这样，孩子才会因得到尊重而信任家长。

如今，家庭之外的广阔空间，是一个平等、开放的信息空间，而家庭之内也应顺应时代的发展，与孩子建立一种平等尊重的亲子关系。家长只有这样，才能拉近自己与孩子之间心与心的距离，懂得从孩子的角度出发，化解孩子的不良情绪。

即使不听话也没关系

想想看，中国家长对孩子使用频率最高的评价是什么呢？

答案是"听话"！

很多家长认为只有听话的孩子才是好孩子，只有孩子听话，才证明自己的教育是成功的。更有甚者，连孩子说"不"也无法接受，认为这是与家长在作对，如果不控制，长大了必然失控。

东东和南南是一对双胞胎，对于爸爸妈妈来说，他们可是家里的宝贝，非常希望他们成长为乖巧听话的好孩子。尽管是双胞胎，但是两个孩子的性格却完全不同，东东好动，能把家里翻个底朝天，而南南是个小书虫，喜欢安静地躲在书房看书。

显然，东东是家里最让人头疼的那个，爸爸妈妈经常让他向南南学习，但没办法，生性活泼的东东只要有空闲，就在小区里和小伙伴们疯玩。

一天，外边狂风大作，瓢泼大雨从天而降，东东见状来了劲头，光着上身就往外面跑。妈妈喊爸爸去阻止，爸爸气得来不及打伞就跑出去找东东。

看着满身泥水的东东被爸爸抱进屋里，弄得地板都是泥巴，妈妈抓起一本杂志就朝着东东身上打。妈妈边打边问东东："你要气死我，下雨往外跑什么啊？"

东东不示弱，抬着头反驳："不，我就要出去玩，下雨天才有意思，我们都约好了下雨天出去的。"

爸爸听了东东的话，也一巴掌打在他的屁股上。可能是下手重了点，东东一下子有些发蒙，然后委屈地跑到自己的房间里去了。

从此以后，好动的东东出奇地安静起来，他很少跑出去玩，连小伙伴喊他，他也不想出去了。爸爸妈妈有些着急，不知是孩子被打怕了，还是故意和他们在赌气。

孩子不听话，有了逆反实际上是走向独立的开始，标志着孩子正在健康成长，这是值得高兴的事情。有些家长甚至非常重视孩子说"不"，会因孩子有了主见而感到自豪。遗憾的是，现实生活中，我们很多家长更希望自己的孩子自觉自动地成长为一个乖孩子。

如果孩子不能自觉地乖巧听话，家长便会以个人意愿要求孩子改变个人想法，反之就会被训斥"小小年纪就不听话"。比如，家长会在他看书时，强制要求他立即放下书本，只因为吃饭的时间到了；会在雨天孩子不穿雨衣而大发雷霆，认为孩子不知好歹。

如案例中，两个孩子虽然是孪生兄弟，但是却有着不一样的个性，家长强行改变孩子的天性，让他事事按照自己的意愿去做，只会给孩子幼小的心灵造成伤害。孩子的人格、个性和独立性如果得不到良好的发展，这样的孩子往往自我认同程度低，遇事没有主见，唯唯诺诺，只会在心理上依赖别人而生存。

允许孩子说"不"，并不意味着家长向孩子的逆反屈服，而是倾听并考虑孩子的逆反缘由。孩子是一个独立的个体，允许孩子说"不"，才有助于他自主、独立的个性发展，也才能建立起和谐的亲子关系，也才有助于亲子沟通的良性发展。

我们来看下面的例子。

一天，妈妈带着玉美去买鞋子。两人来到一家童鞋专卖店，店里的鞋架上摆满了各种颜色、款式的鞋子，妈妈看中了一双红色的运动款鞋子，觉得女儿穿上肯定很好看。

当妈妈拿着这双鞋子要求玉美试穿时，玉美却一把推开了妈妈的手。原来玉美自己在鞋架角落处看中了一双纯白色的平底板鞋。

这款不耐脏的白色板鞋看上去有些老气，妈妈表示不太满意，就对她说："要这双吧，红色看上去抢眼，鞋底很厚，穿着也舒服。"

但玉美却坚持要试一试自己找的那双板鞋，噘着嘴巴坚持道："不，我就要那一双白色的板鞋。"

妈妈坚持自己的观念，极力劝玉美改变主意："玉美听话，咱们不要那双，要这双，这双穿着舒适还好看。"边说边示意女儿伸脚过来试穿。

玉美两腿乱动，不让妈妈给自己穿，嘴里还说："为什么孩子要听大人的话，而大人不能听小孩子的话啊？"

"哦？宝贝，那你说说你选择这双鞋的理由吧。"妈妈笑着对女儿说道。

"因为班级很多同学都有一双白色的板鞋，我也想像他们一样，可以一起去玩滑板。"女儿回答道。

原来女儿是希望自己也成为他们中的一员，所以选择了同款。知道了真正的原因后，妈妈不再一味坚持自己的主张，对女儿说道："好，如果你确定了要买那双，那就依你的，买你自己挑选的那双吧。"

见妈妈同意了自己的要求，美玉高兴地走近妈妈，亲了妈妈一口。

美玉有自己的主见，而妈妈尽管不是很满意女儿的选择，但看到女儿对自己的选择做出了"不"的反馈，她还是最终接受了女儿的选择。

现实生活中，不知道有多少家长能够做到这一点，这一点看着简单，但实际上却极难。

很多时候，孩子对爸爸妈妈说"不"，并不是不爱自己的爸爸妈妈，也并不是不听家长的话，而是他们已经有了自己的判断和拒绝的理由。当孩子敢于在我们面前说"不"时，我们应该感到庆幸，这说明孩子正在长大，开始有了自己的独立见解。

我们不妨听一听孩子说"不"的理由，然后再用正确的方法来解决这一矛盾。比如妈妈喊孩子吃饭，但孩子仍然在看书，也许是只剩下几页便可看完，也许是看到了最精彩之处。因此，当他们说"不，等我看完了再吃"时，妈妈可以说："好吧，我们再等你一会儿，不过不能太长，饭菜凉了，吃下去会肚子疼的！"那孩子肯定会高兴地答道："嗯，我很快就过来！"

况且，家长单方面要求孩子听自己的话，而家长却不用征求孩子的想法，在孩子已经有了自我选择能力的前提下，这实在也是有点不太公平，就如案例中，玉美凭什么要听妈妈的话，凭什么妈妈喜欢什么就买什么。

允许并接纳孩子说"不"并不意味着让孩子为所欲为不考虑家长和全局，而是让我们有机会让自己放下家长的架子，尊重孩子的自我选择权，如此才能听到来自孩子真实的声音。

也只有如此，我们才会发现自己越来越愿意听孩子说"不"了。

"好"的"标签"谁不爱？

郑老师是托管班的一位老师，习惯于给很多孩子贴标签，即便是自己的孩子他也照贴不误。最近几个月，女儿的几科成绩有些下滑，郑老师觉得是孩子的智力出现了问题，于是带着她去做相关方面的测试，结果智商还是中上水平。

这样的结果让郑老师有些不解，自女儿出生后，他就觉得女儿的智商在别的孩子之下，到了小学后，他更是刺激女儿要"笨鸟先飞"，提前做好各项功课学习。

　　在找到专业的青少年心理咨询老师进行咨询后，郑老师知道了答案。女儿平常即使被人称赞聪明时，郑老师也总是对别人说"孩子没那么聪明，很一般""她表现得没那么好"，完全没有意识到自己的言语已经对女儿形成了心理暗示。不自觉地给女儿贴上了"智力低下"的标签。

在这样的消极暗示下，女儿的成绩越来越差，也变得越来越不喜欢上学了。

相信不只郑老师一个人习惯给孩子贴上不好的标签，很多家长也都如此。孩子考试不理想，妈妈就甩出一句："你这都笨到家了，看来就没法在学习这条路上浪费太多时间了！"孩子撒了一次谎，爸爸就会生气地批评道："你怎么老是爱撒谎啊……"诸如此类，无形之中给孩子贴上不行、不好的标签。

美国心理学家贝克尔说过："人们一旦被贴上某种标签，就会成为标签所标定的那种人。"孩子一旦接受了这种标签，就会对自己的能力产生怀疑，进而对自己逐渐失去信心，最终朝着标签的方向"发展"。

我们激励孩子修正自己的行为，目的是鼓励他们朝着正确的方向发展，如果过早给孩子贴上固化的标签，孩子短期可能还会有所反抗，希望自己打破来自他人的不公正评价，但是时间久了，尤其自己的努力没能有实际成效时,孩子就会在潜意识中接受自己的"蠢笨"，认为自己的的确确是个差劲的人。

实际上，哪里有那么多的笨孩子呢，倒是不称职的家长比比皆是。不给孩子贴标签，是对孩子的起码尊重,哪怕我们再不懂教育，也要守住这个最基本的底线。

有一个小男孩，本来是很差怯的，见人从来不打招呼，有时候路上遇到熟人还会绕着走。一次偶然的机会，他在自家楼下大声叫了一位奶奶。

这位奶奶是一位退休的教育专家，非常喜欢孩子，经常和孩子们一起玩。从那以后，这位老奶奶经常故意当着小男孩的面，夸他大方，喜欢叫人。小男孩的妈妈一有机会也跟着这样说。

结果，不到一个月的时间，原本羞怯的小男孩彻底变了样。只要在路上碰到认识的人，老远就会向别人打招呼。

成长中的孩子如同刚刚出笼的小鸟，活泼是其本来的天性，家长应该让孩子如天性活泼的鸟儿那般去自由飞翔。孩子的很多行为，例如顽皮、好动甚至一些"出格"的举动，多为孩子天性使然，即使有一些不良行为，往往也是一种无意识行为或是对成人的简单模仿。

对孩子的种种行为，家长应从多方面去观察，对他们的不良举动，不要简单地训斥，而应找到他们的优点，用一个"好"的"标签"来激励他们不断进步。哪怕是一个让人伤透脑筋的孩子，也不要放弃，找准一个优点，把这个优点放大，贴在他身上，他就会向着我们期望的目标一步一步靠近。就像案例中的那个小男孩，本来性格羞怯，但在妈妈和那位奶奶的正面激励下，最后变得开朗、自信起来。

"知心姐姐"卢勤提到过："人的一生会听到许多评价，但是父母的评价是孩子成长的第一块基石。"孩子一旦被贴上了某种消极标签，也许他将一辈子生活在这些标签的阴影下。

作为家长，如果你以前给自己的孩子贴过这样那样的消极标签，那就马上揭下来，然后用积极的标签替代原来的消极标签，以激励其自尊心和自信心，让他们逐渐将"坏孩子"的帽子抛在脚下。

给孩子道歉的3个注意

我们在生活中常常可以看到，如果孩子犯了错，一定要向父母认错；而父母犯了错，错怪了孩子，却很少向孩子说声"对不起"，认为向孩子认错就会丢面子，会失去权威。

一天晚上，亮亮妈妈下班回家后，发现茶几上外国朋友送的一个精美茶叶罐被打碎了。因为儿子平时比较顽皮，经常弄坏家里的东西，她便以为是儿子打碎的。

于是，妈妈不分青红皂白，把正在家里看书的儿子严厉地批评了一顿。儿子显得非常委屈，嘴里一直说茶叶罐不是他打碎的。妈妈却以为是儿子怕担责，所以不敢承认。

晚上，妈妈跟爸爸说起这件事时，爸爸说："你错怪孩子了，茶叶罐是我搞卫生时不小心打碎的，我向你道歉啊。"想到是自己错怪了儿子，亮亮妈妈有些不知所措，她在儿子面前一贯强势，实在无法做到向儿子道歉。想来想去，她对儿子说："茶叶罐虽然不是你打碎的，但是你平时太顽皮，以后一定要注意。"

亮亮不说话，低着头回到自己的房间里。从那天起，亮亮与妈妈的关系变得疏远起来。妈妈心里也知道，是因为自己没有向他道歉，伤害了他的自尊心。但是，平日强势的亮亮妈妈却怎么也放不下自己的面子，甚至，她再也不跟孩子谈及此事。

其实，家长与孩子之间是平等的，如果亮亮妈妈因为放不下面子，而总是坚持不承认自己的错误，让孩子内心委屈，这不仅会给孩子带来莫大的伤害，而且会让孩子陷入迷茫之中，产生"妈妈永远正确而实际上老是出错"的观念，久而久之，对妈妈日常的教育与沟通，孩子也会产生代沟和不信任感。

实际上，家长向孩子道歉并不是一件丢脸的事。恰恰相反，亮亮妈妈如果能郑重地向孩子认错、道歉，反而会让孩子由衷地敬佩妈妈的气度和修养，从而更加信任自己的妈妈。而且，还能让孩子懂得承认错误并不是一件可耻的事，每个人都有可能出错，从而树立正确的是非观。

很多时候，在孩子眼里，勇于说"对不起"的家长是真实可亲的，他们只会更加尊重。反之，那些有了错还拼命掩饰的家长，只会令孩子反感。

楠楠不喜欢写作业，爸爸每次叫他去写作业时，他总是找各种借口搪塞。比如说，饿了，要吃东西；肚子疼，要上厕所；头晕，要上床休息休息……诸如此类的借口，让人防不胜防。

一次，爸爸照例喊楠楠做作业时，他突然说身上发冷，好像是发烧了。爸爸一听，顿时气坏了，照着他的屁股象征性地打了几下。

没想到，儿子却委屈得哭了起来。爸爸一看不对劲，平时不是这样啊！便赶紧给楠楠量了一下体温，发现孩子确实发烧了。

这下爸爸有些慌了，急忙把孩子送到了医院。事后，爸爸真诚地对儿子说："爸爸错了，我向你道歉，对不起，你能原谅爸爸吗？不过，你以后可要好好做作业，不能再总找借口哦！"

　　儿子点点头，觉得自己得到了尊重，抱着爸爸亲了一下，说道："爸爸，我也有不对的地方，我以后一定好好做作业！"

　　楠楠爸爸的做法是值得赞扬的，虽然儿子一直都很调皮不爱做

作业，但在无意中错怪孩子之后，还是主动向孩子道了歉。最后，爸爸不仅取得了儿子的原谅，还帮儿子改掉了不爱做作业的坏习惯，真可谓一举两得。可见，孩子是非常宽容的，也是非常懂事的，爸爸在放下权威主动认错的同时，孩子也会反思自己的错误。

你看，楠楠即使再调皮，但在面对爸爸真诚的道歉时，都会报以真诚的感激。因此，父母勇于向孩子承认错误，不仅不用担心会丢面子，而且还会获得孩子的宽容和尊敬，使孩子更愿意走近自己。因为他感受到了爱、尊重和平等。

当然，道歉并不仅仅是一句"对不起"，还有以下几个方面要注意：

1. 态度一定要诚恳

家长要保持心平气和，不要边发脾气边道歉，这样才能让孩子更好地接受你的道歉，否则很难让孩子感受到你的诚意。

2. 要明确错在何处

在给孩子道歉时，家长要明确、具体地告诉孩子自己错在哪里，为什么要认错。否则孩子会弄不清楚什么是正确的，什么是错误的，也不知道自己怎么做合适。

3. 落实在行动上

家长在道歉以后，一定要落实在行动上。比如，家长在公共场合批评过孩子，在给他道歉以后，就不能再犯同样的错误，说了一定要做到。否则，将会大大伤害到孩子，甚至比不道歉还伤孩子的心。

以平等的态度向孩子道歉，这是爱孩子的一种表现，相信孩子也一定能体会到。因此，当家长误解或错怪了自己的孩子，就请及时向孩子说声"对不起"吧！

每个孩子各有千秋

阿明与阿发同时入学，还被分到一个班级，最初入学时，他们成绩相当，两个孩子的妈妈也因为孩子经常沟通，当然，也免不了背地里暗暗互相对比孩子。

三年级的一次期末考试中，阿明考了年级第五，而阿发却意外考了年级第十五。这样的差距还从来没有发生过，这让阿发妈妈的心里有些失衡，不免对孩子有些失望。趁着假期，她给阿发报了好几个补习班，希望通过背后的努力将失去的名次夺回来，她郑重向阿发发出指令："儿子，妈妈给你报的这个补习班很重要，你一定要努力学习，力保下学期超过阿明！"

一次排名落后的考试，让阿发投入大量的时间到课外补习当中，偶尔出去玩会儿篮球也被妈妈训得抬不起头来。即使是一些日常小考没能取得满意成绩，妈妈也会让他独自在房间"闭门思过"。

　　然而，即便是这样的努力，阿发的成绩最终也没能超越阿明，为此焦虑的除了自己，还有爸爸妈妈。渐渐地，阿发开始恐惧学习，无法专心上课，甚至有了轻生的念头。

　　和别人家的孩子做比较，这是很多家长的习惯性做法。"你瞧××书法多好，将来准是书法家。""你看你的同学××成绩多好，次次都考第一名。"所谓的"别人家的孩子"成为家长口中随口而出的比较对象，这让很多孩子活在压力当中。

家长拿别人家的孩子与自己家孩子做比较，出发点是想刺激一下孩子，希望孩子能以他人为榜样，学习别人的优点，超越别人。但是，这种办法对于缺乏鼓励，缺乏自信心的孩子来说，只能是一种打击，适得其反。

　　有句老话："人比人得死，货比货得扔。"意思是每个人的情况都有不同，因此无法硬性去做比较。美国学者戴维·刘易斯的《教育孩子四十条》中有这样一条："从来不对孩子说，他比别的孩子差。"因此，真正爱孩子，就不要拿自己的孩子与他人做比较。

　　孩子即使某个方面很差，在其他方面也可能存在着优点，有些只是暂时没有被发现而已。家长若盲目地进行对比，就会让孩子无法因为自己独特的优势而建立信心，反而因为以自己的短处与别人的长处对比，最后丧失信心。

　　世界上没有完全相同的两片树叶，孩子也是如此，各有千秋，家长也要细心去关注孩子那些未被发掘的潜在优势。

　　一天晚上，涛涛妈妈正在书房看书，涛涛拿着一张试卷低着头走了进来，孩子怯怯地对妈妈说："妈妈，这次语文我还是没考好！比我的同桌要少很多分。"

　　妈妈听了，放下书，接过孩子递过的卷子看了一下：正好60分。

　　见涛涛担心地低头不再说话，涛涛妈妈蹲下身子，摸着涛涛的头，微笑着对他说："涛涛，你已经有了进步了，上次你只考了55分，你还记得吗？虽然这次同桌比你考得好，但只要你每次都有进步，就一定能赶上你的同桌。妈妈相信你！"

听到妈妈的一番话，涛涛的眼睛顿时一亮，紧紧地抱着妈妈说："我这次没有发挥好，以后我一定更加努力学习，争取下一次考个好成绩！"

涛涛妈妈做得很好，值得每位家长学习。当我们看到自己的孩子不如别人家的孩子时，不妨也拿自己和其他家长做下比较，是否也像人家那样住着别墅、开着公司等等。将心比心，如果孩子经常拿我们与其他家长去做比较，我们的内心又会是什么感受呢？

印度一位思想大师说过："玫瑰就是玫瑰，莲花就是莲花，只用去看，不要比较。"作为家长，我们必须明白一个事实：孩子天生就有差别，每个孩子都有属于自己的特质。家长应该在乎的是你的孩子今天比昨天更棒！

家长可以让孩子自己学会用今天的成绩和昨天比，用现在的成功和过去比，这样，孩子就会因为受到家长的鼓励和尊重而更加自信。

总之，作为家长，始终要做到一点：不拿自己的孩子和别人的孩子做比较，只要自己的孩子努力了，那就是最棒的！

像野花一样自然生长

进入初二后，妙妙的学习一下子比小学时紧张了好多，为此，妈妈建议她减少每天绘画的学习培训时间，以免耽误主科学习。

实际上，美术是妙妙的最爱，她从幼儿园就已经半专业地进行美术方面的接触和学习了。对于这份热爱，最初爸爸妈妈还是支持的，但当这种投入与学校学习发生时间上的矛盾时，家长开始担忧起来，希望女儿能逐步减少学习美术的时间，等未来有时间了再继续投入。

妙妙不是不理解父母的好心，但是她更希望自己来掌控日常学习和美术培训的轻重，在经过了几番无解的争执后，她给妈妈留了一封信，然后跑到了同学家，不打算回家了。

信中写道：

爸爸妈妈，从幼儿园到小学，再到现在的初中，我人生中的每一个决定，都是你们在帮我代劳，从来都没有问过我愿不愿意。这些天，我找你们商量我是否可以根据我的学习压力状况来选择美术培训的时间长短时，你们完全不听我的想法，甚至要求我在读书期间放弃美术学习，以学业为主，还说这是为了我好。我不知道，这样一点儿都不尊重我的想法和选择的"为我好"到底有什么意义？

爸爸妈妈，不知你们还记得吗，当初，也是你们带着我走入美术培训的大门。当我终于发现了这个世界的美并希望未来能用自己手中的笔来表现这个美丽的世界时，你们又让我干脆停下，放下手中的笔。我不知道你们是否能够从我的角度想一想，这到底是怎么样的一种感受。

我已经是一个初中的学生了，我当然知道学习的重要性，但是我也请你们相信我对自己学习的投入，并不会因为我喜欢美术就有所减少。美术只会让我更加热爱学习，让我为自己的学习增添更多色彩。

但是这两天，你们居然直接给我的美术老师打电话，让他不安排我的课程，甚至在我已经开始上课后，直接把我从课上拉走，完全不尊重我的人格。我感受不到你们的爱，我也不想继续这样的生活了。

我最后的希望，是你们可以给我一个选择的权利，好吗？

……

妈妈看到女儿的这封信，含着眼泪说道："我这还不都是为她好，看来我是一厢情愿了。"

即使把女儿都逼到不愿回家的地步了，这位妈妈都还没有明白自己所犯的错误有多严重。她以为事事代替孩子选择是为了孩子好。其实，这是在剥夺孩子选择的权利。

俗话说，"强扭的瓜不甜"，教育孩子也是一样。作为家长，要尊重孩子的选择，只要不涉及原则性的问题，就给孩子充足的自由，让孩子自己做决定。如果家长事事都否定、干涉孩子的选择，久而久之，孩子会认为他的想法可有可无，有的便索性听从安排，放弃自己思考，变得随波逐流；有的可能变得倔强和叛逆，做出让家长担心、后悔的事情。

美国篮球明星乔丹的妈妈曾说："在对孩子放手的过程中，最棘手的问题是让孩子去追求自己的梦想，自己做出决定，选择与我们为他设计的不同的发展道路。"可见，想让孩子真正独立，就一定要勇敢地对孩子放手，给他们自己选择的权利。

"芒芒，已经 9 点了哦，你是现在就睡觉呢？还是先听妈妈讲个故事后再睡？"我经常会这样征求女儿的意见，因为我不确定女儿当时到底想怎么样。

大多数时候，女儿都会开心地选择后者，在听完我讲的故事后，一定会乖乖睡觉。

女儿是一个活泼的小孩儿，有时候会比较吵，采用这样的方式，可以节省我许多苦口婆心劝她睡觉的时间，因为这是她自己选择的，所以她会很快地安静下来，不再吵闹。在进行完我所答应的事情后，她就会听话地去睡觉了。

作家冰心说过："让孩子像野花一样自然生长，要尊重儿童的天性和选择。"给孩子自主选择的权利，这样的教育，才会事半功倍。很多时候，我们总是不经意地去做那些吃力不讨好的事情，正是因为我们没有尊重孩子的选择权，没有从孩子的角度考虑问题，最终事倍功半，甚至两败俱伤。

歌德说过："谁不能主宰自己，谁将永远是个奴隶。"独立的行为需要独立的思想来支撑。如果孩子在思想上对家长非常依赖，那么他在行动上将很难独立起来。案例中的妙妙在给妈妈的信中，很明显有着自己独立的想法和浓厚的对美术的兴趣，这本身就是一件非常值得高兴的事。

当然，孩子在做一些选择时，难免出于主观愿望而忽略大局或长远考虑，但如果一点儿不给孩子留出去体验、选择的机会，孩子又怎么可能在独立中成长呢？

比如，孩子自己选择的衣服，只要不是太出格的服装，让他尽情去穿，即使是作为成年人的家长，眼光也并非"天下无敌"。

比如，孩子在选择兴趣班的时候，如果选择某项技能只是一时兴起，妈妈就有必要提醒他们，一旦做出选择之后，无论学习哪种技能，都需要付出辛苦和汗水，让他们考虑清楚自己能否坚持。如果孩子依然兴致盎然，就可以让孩子去参加学习。学习过程中，孩子一旦出现畏难、逃避情绪，妈妈就及时提醒，敦促孩子坚持下去。

想让孩子能够健康、快乐地成长，请让他们自己做主，尊重他们的选择，给他们一些自由发展的空间吧！毕竟，在自由选择的前提下，每个个体都会自然而然地为自己的生命与生活负责。

唠唠叨叨不如郑重提醒

刘娜自从上了小学后，成绩一直不错，但是她最近迷上了动漫书，常常为此占用大量时间而乐此不疲，自然，成绩也开始有了下滑趋势。

最近这些天，几乎每次放学回家，刘娜便迫不及待地拿出从图书馆借来的各种动漫书，头也不抬地扎进书里面。当然刘娜心里还是觉得有些内疚，因为她清楚地知道，自己的作业还没做呢！但她常常内心安慰自己：等最精彩的那几页看完，我就马上写作业！

这一天，刘娜还是老样子，又翻出一本动漫最新版，坐在沙发上看。妈妈下班后，看见女儿又在读课外书，就有些生气："还看，什么时候写作业？"

刘娜有些心虚，于是赶紧地回答："妈妈，我看完这篇就写，也就 10 分钟。"

"10 分钟，这可是你说的。"但不到 3 分钟，妈妈便过来说，"看完了吗？还不写作业，又要写到半夜了。"刘娜心里有点烦，没有理妈妈，继续看她的书。

刘娜听见妈妈继续在客厅里唠唠叨叨："别人都是一回家就写作业，就你拿着一些没用的书瞎看，作业写到 12 点，时间来不及了就胡乱应付，成绩当然要退步了。"

刘娜的心里越来越烦，想想也是，成绩一天比一天差，作业很难，写起来很费劲，真泄气！妈妈还在旁边不停地抱怨，书也看不下去了。

刘娜开始写作业，但没写几分钟，就觉得写不下去了，又偷偷拿出那本书，提心吊胆地看起来……

当然，刘娜又挨了妈妈一顿说，结果那天的作业到 12 点仍然没有做完。

日常生活中，类似刘娜这种的情况屡见不鲜，孩子沉浸于各类游戏、网文阅读及课外阅读当中，有时可以不吃不喝几个小时，家长难免担忧。于是，各类"爱的唠叨"就开始产生了：

"在学校要听老师的话啊！"

"作业做完了吗？抓紧啊！"

"别看电视了，快睡觉！"

"宝贝，你换个姿势，不然你的视力还得下降！"

"你的考试卷发下来了没有，需不需要我给你辅导一下啊？"

……

我们总能听到家长对孩子这样关心的唠叨和嘱咐，但随之而来更多的却是孩子的声声埋怨：

"知道了！知道了！你有完没完啊！"

"好啦，我求你别说了！你已经说了好多遍啦！"

"妈妈，你让我一个人安静地写作业吧，好吗？"

……

相信这样的情境经常在很多家庭出现，因为家长觉得孩子太小，不懂得事情的轻重，因此需要反复叮嘱和询问，于是，"唠叨"成了家长的通病。

但事实上，唠叨未必管用。心理学家认为，唠叨与培养孩子的良好个性是相悖的。对孩子的缺点或错误，若不停地埋怨和督促，只会让孩子产生自我保护式的逆反心理、消极对抗、沉默不语，或者干脆与家长针锋相对。与此同时，家长的威信也会在自己的唠叨声中渐渐降低。

上面的案例中，刘娜说好了10分钟后就开始写作业，即使孩子可能做不到，但是妈妈还是应该首先从态度上相信孩子，如果10分钟过后她还没开始写，再提醒也不迟。但是妈妈太心急了，自己不停地唠叨使孩子产生了深深的挫败感，终于超过了孩子所能忍受的最大限度，使孩子的内疚感消失，代之以厌烦和逆反心理。

在"千叮咛，万嘱咐"的唠叨声中长大的孩子，从小就能练就对付唠叨的过硬本领——或置之不理保持沉默，或"砰"地关上门躲进自己的安乐窝。久而久之，随着家长的唠叨频次增加，孩子的防御能力也就越强。而一旦孩子在心坎上构筑起唠叨的"防火墙"，家长即使真有"肺腑之言""真心警告"，恐怕也很难引起孩子重视了。

现在，我来和你讲讲我和女儿的故事。

晚上9点半，女儿跟每天一样，依然坐在客厅的沙发一动不动地盯着电视，我的唠叨声这时也准时响起："9点半了，快睡觉吧！明天还要上学呢！"

"嗯，知道了！"女儿漫不经心地答道。

在我好心催促了三次之后，已经快10点了，但女儿却仍然还在看电视。

看着对自己的话油盐不进的女儿，我觉得每天都这样不是个办法，便郑重提醒女儿："你听好了，这话妈妈只说一遍，现在是每个人的睡觉时间，也包括你，如果你因为看电视而影响了睡觉时间，我会明天把电视收起来！"说完，便转身朝浴室走去。

等我再次回到客厅时，女儿已经关掉电视，自己开始洗漱，准备睡觉去了。

人往往会因重复可听可见的事物而失去关注的热情，孩子经常听到类似的叮嘱，就会逐渐淡化叮嘱的内容。所以我们就不难理解一些妈妈的抱怨，说孩子总是不听话，一天说了八百遍都不听。

其实，这能怪孩子吗？既然那些话随时都能听到妈妈讲，今天没注意，明天还可以再听，当然也就心不在焉了。

实际上，我意识到对孩子的无用唠叨并不起作用时，我就开始改变我的策略，我用郑重提醒的方式，告诉孩子必须承担的后果。

其中的策略重点是，让孩子首先在心理上就有必须重视的意识，谈话时他才会集中注意力听你讲话的内容。

日常生活中，如果有一些很重要的事需要向孩子交代，建议你最好和孩子面对面坐下来，严肃认真地告诉孩子。这样的态度，会让孩子觉得这件事非同寻常，他自然就会听见你的逆耳良言。

对于一些年龄较小的孩子，如果家长的一些叮嘱必须重复进行的话，那么就将提醒的内容划定一个可实现的时间或空间。假如你希望孩子收拾好自己的屋子，不妨这样提醒他："记得在晚餐前将你的房间清理干净。"这样的说法能给予孩子喘息的空间。当然，在提醒孩子时，最好能协商制定罚则，规则要清楚，然后微笑着走开。万一时间已经到了，事情还没完成，那么只要遵照罚则即可，不需要再讨论，因为约定就是约定，家长和孩子都会心安理得地选择实施与接受。

与孩子平等地坐在一起交流，给孩子一些适当的提醒和关照是必要的。但不应是命令、要求和无休止的絮叨，必须要以孩子能接受的逻辑方法来进行，否则，家长的一切以爱之名的教导、教育就无法有效发挥作用。

宽容比惩罚更具有力量

对于成人而言，孩子的心理是一个难解之谜，我们应该努力地探寻隐藏在孩子背后的那个可以理解的原因。没有某个原因，某个动机，他就不会做任何事情。因此，当你看到孩子在做错事的时候，不妨蹲下来问问孩子做这件事的原因。

苏霍姆林斯基是著名的教育家，在他当校长的时候，校园里开出了一朵非常大的玫瑰花，全校的学生都非常惊讶，每天都有许多学生来看。这天早晨，苏霍姆林斯基在学校里散步，看到幼儿园的一个 4 岁女孩在花园里摘下了那朵玫瑰花，从容地往外走。苏霍姆林斯基很想知道这个小女孩为什么要摘花，他蹲下身子，亲切地问："孩子，你摘这朵花是送给谁呀？能告诉我吗？"

小女孩害羞地说："我奶奶病得很重，我告诉她校园里有一朵很大很大的玫瑰花，奶奶有点儿不信。我现在摘下来送给她看，看过了我就把花送回来。"

听了孩子天真的回答，苏霍姆林斯基的心颤动了。他牵着小女孩，从花园里又摘下两朵玫瑰花，对孩子说："这一朵是奖给你的，你是一个懂得爱的孩子；这一朵是送给你妈妈的，感谢她养育了你这样好的孩子。"

　　负责给家长培训的一位老师，给一些爸爸妈妈们讲了苏霍姆林斯基的这个故事，但是故事只说到苏霍姆林斯基看到孩子摘花就停住了，问大家以后的故事会是什么样的，大家七嘴八舌：有的说教育家如何教育小女孩不能损害公共财物，不能采摘花；有的说教育家对儿童缺乏良好的道德教育而忧心忡忡；有的甚至说教育家对小女孩做出的种种处罚……

　　这些成年人不遗余力站在道德高度教训4岁女孩的全过程，让这位出题的培训老师从心底里产生出一种感慨。他后来在一篇文章中提到：我们传统的道德说教如此深入人心，让我们耳熟能详。在这些父母的心中，似乎只有道德规则，他们可以板着面孔说一番大道理，但是他们缺乏人性美与人情美的感悟，缺乏同情与怜悯心。在他们的心中，似乎所有的玫瑰花都已凋谢了。

　　家庭是播撒爱的种子的地方，而这些父母的反应无不令人担忧。

　　不管孩子做了什么，父母不要以自己的思想来推测孩子的思想，一定要主动询问孩子为什么要这么做，才能让孩子敞开心扉，把自己的想法告诉父母，父母也才能走进孩子的心灵。

　　很多父母以为天天和孩子在一起，很了解自己的孩子，给孩子吃得好穿得好就算尽了父母的义务。实际上，他们并不了解孩子的内心，并不知道孩子真正需要的是什么。更有甚者，把自己的想法强加在孩子的身上，甚至打骂孩子，对孩子进行随意的惩罚，让孩子本来美好的心灵受到了伤害。

什么样的教育才是好的教育，应该是那种潜移默化地让孩子发生好的改变，还要让他本人觉得这是他自己选择的结果。做到这样的教育的前提是要有一颗宽容博爱之心。下面的故事生动地说明了宽容比惩罚更具有力量。

　　南风与北风打赌，看谁能够脱去一位农夫的衣服。

　　北风自以为力气大，脱件衣服不是难事，于是北风先来。他使劲地向农夫吹刮着寒冷的风，吹得农夫浑身瑟瑟发抖，直打哆嗦，农夫不但没有脱掉衣服，反而裹紧外衣，躲到背风的地方去了。北风只好无功而返。

　　紧接着由南风上阵。他向农夫轻拂慢拂，给农夫送去温暖的风。农夫本来就在田野里劳作，浑身发热，经南风这么一吹，出了许多汗，于是就放下手里的活计，到田边脱去衣服，回到田间继续劳作。毫无疑问，南风成功了。

　　这个故事告诉我们，用温和的方法处理问题往往比用强制的手段更有效果。因此，对待那些在成长的道路上偶尔犯错的孩子，以这样的方法，更有神奇的力量。

　　有一位充满爱心的小如老师，面对"有问题"孩子的做法，相信也能给众多家长以启示。

　　亮亮是小如班上一个可爱又机灵的小男孩，不但人长得漂亮，而且学习成绩也棒。上学期期末考试，亮亮各科成绩都是优秀。可这学期开学以来，小如发现他变了很多，不再那样爱笑了，上课也不爱发言了，而且还不停地和周围的人讲话，有很多任课老师都到小如这里告他的状，声称他最近的各科成绩都有明显的下降。

对于亮亮的情况，小如是有所了解的，亮亮的妈妈在他很小的时候就和他爸爸离婚了，他一直跟着爸爸一起生活，本来家里的条件还可以，但由于爸爸一次生意失利，家里便困难了。

小如找到亮亮，真诚地说："你在学校里表现一直很不错，老师们都和我夸奖你，那为什么最近一段时间里你的情绪很不好？是不是家里出了什么事？"

一听到老师这样问他，亮亮的眼泪就像断了线的珍珠，不断地往下掉，但仍旧一言不发。

小如知道，这时不能批评他，只能慢慢地引导。于是小如不断地安慰他，并温柔地帮他擦去脸上的泪水。亮亮慢慢地止住了泪水，用他那双眼泪汪汪的眼睛看着小如，这次他终于开口了："我爸爸不要我了，把我扔给阿姨了。"听了他的话，小如赶紧说："你不要担心啊，你怎么知道爸爸是不要你了呢？说不定爸爸忙啊，没时间照顾你，所以才让阿姨来照顾你的啊。等爸爸有空了，就会把你接回去的。"

听了小如的话，他似懂非懂地点了点头，接着小如又安慰了他一阵，便让他上课去了。

当天晚上小如就联系到了亮亮的爸爸，和他讲了孩子的近况。亮亮爸爸和小如说了他的难处。最近他开了一个娱乐场所，不方便让孩子进出，所以把孩子托付给了别人。

小如提醒亮亮的爸爸再忙也不能完全不顾孩子，自己这边也经常找亮亮谈话，希望他理解爸爸的辛苦。在小如的爱心感化下，亮亮的学习很快追赶上来，而且还参加了全国规模的英语大赛，也会主动亲近别人了，并且恢复了以前那可爱的笑容。

如果小如只看到表面现象，不问青红皂白就批评孩子一顿，那么可以设想亮亮的心里该是多么的委屈和难受，这个孩子有可能就这样堕落下去，但是多亏遇到小如这样的好老师，能够静下心来认真倾听他，才发现孩子的真实内心。

尊重孩子的基本权利。无论发生什么事情，都要尊重孩子的意见，给孩子说话的机会。

无条件地爱孩子，是父母做到宽容的基础。永远相信你的孩子会成为一个好孩子，每个孩子都有巨大的潜能，做父母的一定要去发现、去了解。当孩子做了什么错事，千万记得要蹲下身去问问他，听一听他的声音。

第三章

用心倾听，孩子自然愿意说

怎么才能倾听到孩子发自内心的声音，这是很多家长尤为关注的问题。事实上，我们之所以看不到孩子对我们抛开芥蒂而畅所欲言，多是因为我们并没有真正做到用心倾听。只有那些用心倾听的家长，才能有幸倾听到孩子的肺腑之言。

没有倾听的沟通＝无效沟通

临近放学时间十分钟左右，木木的妈妈接到了班主任的电话，说她的儿子和邻班同学打架，影响不太好，但好在没有造成彼此大的身体伤害，所以希望家长可以私下进行教育。

"已经小学三年级了，还是这么不让人省心。"木木妈妈听着老师的话，心里一股火就上来了。她决定这次一定要和孩子好好沟通一下，不能老是不让人省心。

木木刚进家门，妈妈就站在家门口，怒气冲冲地质问木木："你能不能长点心，能不能让我省点心，隔三岔五地调皮打架，你就不能学学好吗？"

"妈妈，我，我这次……"木木支支吾吾，想着好好做个解释，但都被妈妈的话给压了回去。

"你还解释？有什么好解释的？你打架还打出理来了？"妈妈越说越气，见木木还委屈地掉了眼泪，就继续追问道，"如果你打架有道理的话，你班主任会给我打电话吗？会吗？你说啊？"

此时，木木的哭声加大，感觉更加委屈了，但妈妈显然还没有停止的意思。

自始至终，木木的妈妈也没有通过这样的沟通，了解到儿子打架的真实原因，这是明显的无效沟通。

　　木木妈妈从家长角度出发，认为孩子打架行为本身就是不对的，加上又有班主任的电话"教育"要求，这就更加让她失去了沟通的理智，进而造成一边倒的质问式沟通。

　　由于家长往往是沟通的主动一方，所以很少思考自己的言行是否过激，导致孩子一张嘴解释，就进一步刺激了家长指责、埋怨的

强度。

著名教育家周弘说过："要想和孩子沟通，就必须学会倾听。倾听是和孩子有效沟通的前提。不会或者不知道倾听，也就不知道孩子究竟在想什么，连孩子想什么都不知道，何谈沟通？"

儿子在学校为什么打架？可能是别的孩子招惹了他，先对他动了手。即便打架是不对的，也应该听听儿子对这事怎么说，再告诉他尽可能多和同学讲道理，学会理性地协调矛盾。孩子打了架，不管打输打赢，对自己经历的这件冲突事件，他心里都会有痛苦的情绪和纠结。

这时，耐心倾听是家长首先要做的事情。打架无论结果怎样，孩子都不会舒服，而耐心地、充满关爱地倾听则可以有效缓解孩子心里的痛苦情绪，若再适当地予以开导，孩子就会慢慢知道如何处理矛盾，知道下一次如何避免问题发生。

我们来看另一个案例。

二年级的小斌同学放学回家后，把书包远远一扔，就一屁股坐在沙发上，看起了电视。

见女儿有些不悦，妈妈轻声问道："斌斌，你的作业在学校写完了？为什么在看电视？"

小斌同学噘着嘴，嘟囔了一句："没有，我不想做作业，真是臭狗屎一个！"

见女儿来了这么一句难听的话，但又不知缘由，妈妈猜想着女儿一定遇到了什么不开心的事情。她走过去，温柔地对女儿说：

"你现在心情不好的话，先别做作业了，但是你那样和妈妈说话，让妈妈有点不舒服，希望你能温和一点儿和我说话，好吗？"

小斌坐直了身子，轻声对妈妈说："数学老师真气人，本来今天的测试可以打满分，但是他却给我打了98分，还在班上指名批评了我。"

听到女儿这样吐槽数学老师，妈妈故作惊讶地追问道："是吗，他真的没给你打满分吗？"

"是啊，他批评我说卷面不工整，并且有个演算步骤不应该省略，唉！"小斌摇了摇头，回复道。

见女儿明显情绪有了好转，妈妈又问："那如果下次不注意你刚说的这两点问题的话，会不会还是会被扣分呢？而且你明明有机会得满分的，是不是有些可惜呢？"

"就是啊！遇到这样的刻薄老师啊，我可真头疼啊！"

妈妈和女儿就这样你一言我一语地聊着，不一会儿，小斌同学说了一句："正所谓严师出高徒，我下次一定注意，争取得满分！"

家长能够耐心地等待孩子把情绪调整过来，孩子也就自然而然地知道怎么去做了。事实上，小斌妈妈从头到尾也没有一句批评孩子的话，她只是引导孩子把潜藏的情绪宣泄出来。这一点看着简单，但很少有家长能够在类似情况下，在沟通过程中一直用温和的语气和简单的问话进行引导，这样的一个出色的倾听者角色并不容易扮演。

如果你无法做到小斌妈妈那样的有效引导，起码希望你能做到像她那样，在沟通过程中保持耐心。毕竟，孩子更多时候还是懂得是非，只是在情绪上需要倾诉而已，当他内在的纠结和委屈被他人理解和认同后，他自然就会回归理性，也知道如何去做。

所以，当孩子情绪化时，首先努力让自己保持耐心、克制自己的情绪，然后耐着性子听孩子把话讲完，这样才能全面了解发生在孩子身上的问题到底是什么。

这一过程中，如果能够适度与孩子共情，让孩子觉得家长也是和自己一起面对问题的人，孩子的表现甚至会超出我们的期待，正如小斌同学一样。

"有效回应"才是真正交流

爸爸下班回家又拿出了笔记本电脑开始办公，客户催得很急，他需要加班加点了。

不一会儿，妈妈和上二年级的儿子回来了。爸爸没抬头，随口打了个招呼，继续埋头工作。

"爸爸，还有一个月我们小队就要进行足球比赛了，你能陪我去球场再练会儿传球配合吗？"儿子靠近爸爸，轻声问道。

"你昨天不是和我说过一次了吗？"爸爸有些不耐烦地回应了

一句。

"我担心自己脚法还不熟练，会拖大家的后腿。"儿子声音更小了。

"你随便去球场找个人练练就行了，去吧，自己的事情自己解决。"爸爸回复道。

儿子沉默了一会儿，又小声补充了一句："我们的队长就是他爸爸陪着天天练球的。"

爸爸没有回应，也没扭头看儿子。

见爸爸没有什么反应，儿子低着头离开了。

第二天过去了。

一周过去了。

……

爸爸工作有了空闲，他想起儿子有什么足球比赛的事情，就去找儿子。结果儿子看了看爸爸，没有了一周前的那个兴奋劲了。

"你昨天不是说过了吗？""这点儿小事儿，还用跟我说？"当孩子向家长倾诉时，最怕听到类似这样的话，这把他想说的欲望全都打消了。在家长看来，自己手头的事情才是大事、要事，而孩子的问题简单、微不足道，可以放缓。慢慢地，孩子也不再过多与家长进行交流，也不会主动参与家庭事务。

"孩子面前无小事"，那些在课堂上不积极主动的孩子，往往就是日常在家庭的沟通中得不到充分的倾听和回应，最终也变得愈发沉默寡言。

我们来看下面这个案例。

四年级的王健气呼呼地走进屋，"嘭"地一甩手关上了门。

"刘老师真是个神经病！"王健嚷嚷着。

妈妈听出他是在说他的班主任。

"我这一星期都在忙着国画比赛的事，怎么可能完成我的手工制作？我怎么知道她要选送这个手工作业去参加市级青少年手工竞

赛？看我没表态，她还急了，还在全班同学面前冲我嚷嚷，美术比赛已经够我忙的了，她不知道吗？"

儿子边说边换下鞋子，然后扔下书包，一屁股坐在客厅沙发上。

"听上去有点让人下不来台啊！"妈妈挨着儿子坐下，轻声附和道。

"是啊，关键是我只能把国画一个项目做好，因为我精力有限啊。"王健解释道。

"那就力保一个，是吧？"妈妈回应道。

王健眨了眨眼睛，没有说话。

过了几分钟，王健说道："我今晚熬个夜吧，怎么样也要完成手工制作，至少要及格，总不能连作品都没有，那就是丢了我们学校的脸了。"

见儿子这么说，妈妈回应道："既然你做决定了，那就好好完成它，但是要注意身体，不能勉强。"

王健看着妈妈，点了点头。

现实生活中，很多孩子可能在学校发生一些各类状况而导致情绪低落，这个时候就需要家长做好沟通工作。王健的班主任有可能存在工作上的失误，让他在同学面前下不来台，这会让孩子感觉委屈。而在妈妈与孩子的沟通中，妈妈能够针对孩子的情绪、状况及时给予反应，让孩子能够感觉到来自妈妈的认可和支持，所以很快就在情绪上有了变化。

妈妈在专心听孩子说话内容的前提下，以"听上去有点让人下不来台啊"作为回应，有效地与孩子共情，接下来的顺势鼓励就显得自然而然了。

在沟通中，"有效的回应"的好处在于，当家长对孩子的感受给予一定认可的同时，能够更好地引导孩子提供更多的有效信息。信息越多，家长就越知道如何有效帮助孩子。而孩子跟真正关心理解他们的人诉说之后，他们会感到轻松，即使不能立即解决问题，他们也不会觉得问题严重到不可救药。

所以，家长在倾听和回应孩子说话时，请牢记以下三点：

1. 停，手和心全部停下来

家长要暂时放下正在做的和正在想的事，注视孩子，给他表达的时间和空间。

2. 表情注视孩子

孩子最希望看到父母对自己所说的事情表示关注，这让他有被尊重的价值感。

3. 语言表达

在倾听孩子说话的过程中，用简单的诸如"太好了""真的吗""我都不敢相信"等话语来表达你的关注。

解密孩子的"隐讳"之语

出于对自我能力的不确定性、家长态度的试探等各方面因素的影响，很多孩子在与家长沟通时，往往不能直接说出自己的真正想法、感受。这就需要家长开动脑筋，学会解密孩子的一些"隐讳"之语，听懂孩子的话外音。

楠楠是六年级的学生，平时学习有点懒惰，但凭着一份小聪明，学习成绩还算中等。有一天，楠楠的表叔过来了，谈起孩子即将升入初中，楠楠拿起一本书装作学习，尽量回避这个话题。

突然，表叔说："要不让楠楠跟自己儿子一样，多学学美术，未来可以成为艺术家，如果经济上有困难，表叔可以想想办法。"楠楠听后大喜，说："爸爸妈妈，我看可以。"

爸爸见女儿来了学习劲头，也就高兴地答应了。于是楠楠便开始利用业余时间学习美术。两个多月后，一天，楠楠突然说："爸爸妈妈，我不想学习美术了，咱们家经济也不是很宽裕，美术培训太花钱了，还得表叔帮忙，我看就算了。"

此后，楠楠便停止了美术方面的学习。爸爸妈妈有点弄不清女儿心里打的什么主意，眼看不到一年就要初中了，到底是准备走美术路线，还是常规学习路线呢？这让他们烦恼不已。

实际上，只要思想健全，没有一个孩子会说傻话、前后矛盾的话甚至超出他所能认知的范畴之外的话。比如楠楠，她是忽然意识到自己的选择对整个家庭经济形成压力的吗？显然不是，她自身原本的学习就不是特别勤奋，是否在美术学习上也存在懒惰、动力不足的问题？用心分析，很大的可能，她以关心家庭为表象的真正话外之音是：我不愿意吃这样的苦！

记得有个短视频，一个法国小女孩对她的家长说："我是你的孩子，所以你要理解我所说的话。请不要笑，这不是让你笑的，而是让你听懂的，否则我不原谅你。"笑也好，质疑也罢，总之，我们要能够听懂孩子的话外之音，了解孩子的本来意图。

7岁的晴晴开始有自己的主意了，家长越是让她做的，她越不做，嘴里总是说"我不，就不，偏不"！

晴晴经常会跟妈妈赌气，会跟她说："我再也不爱妈妈了，就从现在起！"晴晴妈不生气，她每次都回答女儿说："没关系，我知道，你是因为现在生气了，所以才这么说，没有关系的，妈妈永远爱你！"

当女儿说："妈妈，我好热呀！"晴晴妈就知道女儿是在馋冰激凌。于是对女儿说："妈妈听明白了，你是想吃上次在植物园附近的那种冰激凌了，是不是？"就这样，妈妈获得了女儿的认同。相信她们以后的沟通会越来越顺利。

我想，晴晴妈妈是个高情商的妈妈，能够在日常生活细节中，通过细微的观察，了解孩子的真正需求，由此才能在与孩子的沟通中有效做出回应。

有一次，女儿对我说："妈妈，我同桌有手机了。"我愣了一下，马上解密了她的话外音：她也想有一部自己的手机。实际上，她是在试探我对她想要一部手机的态度。我回复她道："学校本身不主张学生带手机，并且手机对我们的专注力破坏很大，同时也严重影响视力，如果到了真正需要手机社交联络的时候，家长才会真正支持学生拥有手机。"

女儿听了，回应道："嗯，我也觉得我同桌有点失控，下课了还偷偷玩游戏呢！"

"哦，那看来还真对学习有影响了啊？"

"是啊，肯定还是有影响的。"

我想告诉大家的是，孩子以"隐讳"之语与我们进行沟通，本身也说明孩子懂得委婉地表达自己的想法，应该为此感到高兴。我们首先在态度上要赞扬，比如夸奖他"不错，越来越会说话了""你的这个见解不错"。而不是批评他"别和我兜圈子"。

无论孩子以怎样的"隐讳"方式与我们沟通，我们都应用心倾听，并在倾听中逐步解密孩子的真正意图。其实，那些愿意与家长交流的孩子，其父母多是解读孩子话外之音的高手。

体态语言的正确分解

从一个孩子呱呱坠地开始，就已经开始用自己特有的体态语言表达自己的情绪了。仔细观察，你会发现，他正是通过哭泣的声音、扭动的肢体，来表达饥渴、不满或不适。到了3岁左右的叛逆期，他会开始说"不"，并用行动表达出来。再接着，青春期的叛逆则更为直接地彰显自己的主张，以此告诉父母自己是在作为一个独立的个体而存在。

　　菲菲今年 5 岁，漂亮乖巧，从小一直由爷爷奶奶带着。最近一年，为了做好幼小衔接，菲菲跟着爷爷奶奶，回到了爸爸妈妈的家。他们住在一起已经有很长一段时间了，菲菲却很少与爸爸妈妈亲近，只要他们靠近，她就立刻转身跑开，拿着玩具独自玩耍。

　　爸爸妈妈最初以为孩子有些自闭，后来发现她能够在爷爷奶奶面前快乐活泼地玩耍、撒娇，无奈之下，他们带着孩子去找青少年心理咨询师做咨询。

经过耐心的咨询，爸爸妈妈才知道，原来孩子经常看着他们吵架而感到不安，加上他们长期出差又不能和孩子共处，慢慢就失去了孩子对他们信任。而孩子之所以见到他们就忽然跑开，恰是对爸爸妈妈的行为表达不满，这又含有信任缺乏的成分，需要重新建立亲子关系。

　　如此，爸爸妈妈才明白，孩子的行为原来已经表达了对他们的不满和期待，只是自己没有读懂而已。

　　有心理学家研究发现，一场完整的交流，体态语言占 70% 的作用，语言占 30%。因此，一位合格的家长，应该能够精准理解孩子在不同情况下所表达出来的体态语言，由此建立彼此信任的亲子沟通关系。

　　当孩子表现出一些不太正常的现象，比如没精神、哭闹不停、发脾气、不讲理等，目的可能是为了引起家长对他的关注。就像案例中的菲菲，她之所以跑开不理会爸爸妈妈，这是表达了她对爸爸妈妈的不信任，对爸爸妈妈经常吵架的一种不满。如果家长读懂了这一体态语言，就能即时反省自身问题，而不是一味地责怪孩子。

　　孩子一旦长期得不到正确、即时的关注，就会使得他的性格孤僻、自闭，不愿意与人交往。当然，孩子的体态语言所包含的信息很多，所以家长要充分调动自己对各种体态语言的理解，进行倾听、引导和顺势回应，只有所掌握的信息精准，才能对孩子进行有的放矢的亲近和培育。

　　关于这一点，小迪的妈妈就做得很好。

一天，小迪妈妈带着小迪刚准备按照预定的计划去海洋馆，结果刚到楼下就遇见了临时来拜访的同事。见妈妈热情招待大家上楼，小迪意识到计划可能泡汤，于是默默地站在那里一小会儿，脸部表情冷漠，连和客人招呼也不打，转身就自己上楼，一头钻进自己的房间不肯出来。

实际上，小迪平日是非常有礼貌的孩子，不需要家长提醒也会和对面的人打招呼。见到儿子这样的表情和动作，妈妈知道孩子有些不满，而非故意不理客人，于是敲开门，约定尽快择日安排海洋馆事宜，并承诺可以选择一个喜欢的纪念品。

很快，小迪在妈妈的带领下，来到客厅与大家打招呼，还帮助妈妈给大家沏茶倒水。

想想看，来访的客人不熟悉孩子情况，更不知道小迪和妈妈已经有了对小迪来说非常重要的一次出行安排，只是看到了一个不懂礼貌的孩子没打招呼就自己上楼了。但是，小迪的妈妈通过孩子的瞬间言行举止，意识到了孩子的不满和委屈，所以并未强行要求孩子与客人打招呼。小迪妈妈读懂了孩子的体态语言，然后及时对孩子进行了问题的合理化处理、安排，最终消除孩子的不满，让孩子重新参与到和客人的沟通当中。

当然，孩子的体态语言需要家长的格外用心，因为即使相同的感觉也会有不同的体态表达方式，这就需要家长平日多与孩子沟通，当孩子出现异常行为时，能第一时间解读孩子的真实意图。

一个人的喜怒哀乐，往往会在面部表情上呈现出来。一般说来，孩子惊愕时，眉毛上扬，眼睛和嘴巴会张大；如果是不高兴、不信任、讨厌对方或轻度气愤时，嘴唇会紧绷；如果他对事物感兴趣，眼神会集中；如果是不自信，孩子则会频繁地眨眼。

除了面部表情，在身体动作、声音等方面也会有所体现。

在身体动作上，不仅能体现出孩子的情感、行为，也能反映出孩子的心理状态。一般情况下，咽口水、跃跃欲试，表示期待、感兴趣；握拳，表示期盼、紧张、愤怒；咬紧牙关，表示决心、气愤、着急；膝盖或脚尖有节奏地抖动，表示烦躁不安。

在声音方面，如果孩子的语气比较随便，就表示漠不关心；如果音调比较高，就表示兴奋、激动、愤怒，否则，就表示害怕、心虚、回避、委屈、不高兴。

倾听和分析孩子的体态语言，是一种复杂而微妙的技能，需要我们平时多观察、多比较、多思考。家长只有精准读懂、理解孩子的体态语言，再结合口头语言上的沟通，才能更好地掌握孩子的情绪变化，以此引导孩子与自己自然交流，没有沟通障碍。

做个游戏就懂孩子了

孩子都喜欢做游戏，这是天性使然。如果家长能够与孩子共同参与到游戏当中，尤其游戏的主导者是孩子时，他会不自觉地将自己的生活经历和情绪融入游戏之中，趁着游戏的机会，将内心深处曾经遭遇或者正在经受煎熬的压力释放出来。由此，家长也有机会从中窥探潜藏在孩子内心深处的心声。

乐乐和妈妈在客厅玩"推挤"游戏，就是力量强大的一方，依靠身体的力量和技巧，将另一个推挤到划定范围的圈外。乐乐用尽气力，狠狠地推了妈妈一下，妈妈输了，然后假装摔倒，委屈地坐在地上哭了起来。

但是乐乐并没有像平常那样，将妈妈作为"弱者"搀扶起来，而是将腿压在妈妈身上，企图让妈妈感觉更难受。她开始像个小大人一般教训起妈妈："你这么不听话，看我把你关到门外边去！"

妈妈听了，想起来这是前几天发生的事情。本来乐乐要玩哥哥的卡纸，结果不小心扯坏一张，尤其那张还是哥哥最喜欢的颜色。哥哥很生气，就把乐乐推倒在地，还要把乐乐赶到门外，就连说的话都一模一样地做出了还原。

　　显然，这是乐乐在感受到来自哥哥的强势后，内在的委屈一直没有排出。而通过游戏，她以哥哥的强者身份对妈妈施压，是将自己遭受的委屈在游戏中无意识地呈现出来了。

　　一天晚上，我跟女儿玩理发游戏。游戏中，女儿扮演一名理发师，我则必须全程听从她的指令，接受安排。也正是经过这场理发游戏，我体察到了女儿在不久前理发时，内心曾经有过的不安。

我坐在一个独立沙发上，女儿首先在我的肩上搭了一个薄垫子，然后又围了一层自己平常盖的被子，最后用手按着我的头，问："你会不会觉得有一点点害怕？"

　　"有一点儿。"我回答道。

　　女儿用手轻轻拍了拍我的头，安慰我说："不要害怕，一会儿就好了。"

　　她用两只小手胡乱将我的头发搞乱，假装用一把小剪子理了理前后左右，最后拍了拍我的后背，说："好了，现在给你洗一下头发。"

　　洗发的时候，女儿要求我躺在沙发上，假装洗完后，又把她的玩具箱了搬了过来，告诉我说："我通个电，然后给你烫一烫头发啊。"

　　烫完发后，又拿来了爸爸的电动剃须刀，告诉我说："这是吹风机，你别害怕，我给你吹吹。"等她吹够了，对着我使了个鬼脸说："妈妈，理完了！"

　　在整个理发过程中，女儿对我所说的话就是在理发的时候那个给她理发的叔叔说的，完全就是当时女儿理发时的情景还原。

　　游戏结束后，我发现女儿的表情非常开心，两眼闪烁着快乐的光芒。

　　听了我和女儿的游戏故事，您是不是也有了蠢蠢欲动的想法呢？但是，要提醒您，在您与孩子的游戏互动中，有些操作点还是需要注意的。

1. 选择让孩子开心大笑的游戏

一个可以让孩子开心大笑的游戏非常重要，它能让孩子感觉到来自家长的爱与关注，会让孩子经由游戏驱除隐藏的困窘、踌躇和不安。

2. 以弱者的角色参与

家长在非游戏的日常生活中，常以强者的身份存在，因此孩子容易处于被动状态。若能以弱者的角色参与到游戏当中，孩子就会自觉地以强者的角度发挥自己的主观能动性，积极性更高。比如下棋、捉迷藏等游戏中，家长可以适度认输，这很容易激发孩子的自信心。

3. 接受安排，放下"尊严"

想要让孩子更好地在游戏中"倾诉"内心的想法，还要让孩子多做决策，由他决定游戏怎样进行。家长只要配合他，跟着他的安排走就可以了。孩子经常会让游戏朝着有利于自己宣泄某一特定紧张情绪的方向发展，一旦这些情绪发泄释放出来，他就会重新找到自信与快乐。

在游戏中，家长要甘于放下架子和"尊严"，去做、去说那些超越你的身份和年龄的行为和语言，这只会让孩子更加亲近和信赖你。总之，家长玩得越投入，孩子就会越自然、越放松、越快乐，在快乐中增强自信。

帮助孩子表达内心感受

8岁的天天聪明好学并且乐于助人，很受老师、同学和社区邻里的喜欢，这让妈妈非常自豪。但是有个问题，让天天妈妈始终不得其解，天天经常夜里睡着后发出嘶吼的声音，有时甚至还会从床上爬起来情绪激烈地嚷嚷几句。

白天的天天很正常，但是晚上的天天却让妈妈焦虑不已。她带着孩子看医生，结果认定为夜惊，是成长期的孩子较为常见的一种生理现象，慢慢就会好转。然而一年过去了，天天所谓夜惊的现象并未明显消除，她又带孩子去看心理医生。

最终，心理医生通过深入咨询和现场观察，发现了问题所在。原来天天的爸爸常年出差在外，家庭基本属于所谓"丧偶式"育儿，妈妈从孩子很小时候就鼓励孩子要做一个勇敢的小男子汉。为了得到妈妈的夸奖，本身因为缺乏父爱的天天，就会为了得到妈妈的夸奖而强装勇敢，做出一些超出他实际年龄的冒险事物来。

为了维护自己从小就由妈妈塑造出的"小小男子汉"形象，为了不让妈妈失望，他常常壮着胆子完成一些未经系统训练就直接参与的危险项目。但他偷偷告诉心理医生，他实际上非常害怕，害怕失败、害怕妈妈伤心、害怕自己没有人爱……时间久了，他觉得害怕是一件丢人的事情，不是男子汉所为，因此各类恐惧统统压抑在自己的内心深处。

　　如此一来，夜晚的睡眠中，那些潜藏的恐惧就会以另外一种方式宣泄出来，所谓的夜惊现象就这样产生了，它是孩子的小小年纪所无法承载的恐惧的真实上演。

在日积月累的非科学的强化培育下，天天慢慢失去了自己真实的作为孩子的一面，妈妈也基本忽视了孩子最为真实的心理感受，最终导致天天没有机会表达自己的真实心理感受，妈妈也无法倾听到来自孩子内心的那份恐惧和焦虑。

没有表达和倾听的沟通是不完整的亲子沟通，它不能错误地理解为家长提要求，然后孩子去接受，而是需要家长走进孩子的内心世界，倾听孩子的真实声音和感受，天天和妈妈就是这样彼此失去了真正意义上的沟通。

和天天的爸爸一样，小杰的爸爸作为项目负责人，也是经常工作在外地，很少回家。不到 3 岁的小杰尽管很想爸爸，但是迫于现实只能几个月见一次面。

一天晚上，小杰偎依在妈妈身边看电视，其中有一段这样的情节：一位妈妈因为要照顾几个孩子而累得筋疲力尽，而孩子们的爸爸则始终没在日常生活中出现。有一天，其中一个孩子不听话，正处在不良情绪中的妈妈转身扔下孩子，离开了家。

刚刚看到剧情发展到此时，妈妈提醒小杰该上床休息了，但小杰紧张地拉着妈妈的手问："妈妈，那个电视剧里的妈妈为什么不要她的孩子们了，她还会回来吗？"

见女儿着急，妈妈安慰道："放心吧，等明天我们再接着看的时候，那个妈妈就回来了。"

小杰低头不说话，轻轻地抽泣起来，说："妈妈，咱们能不能换个房子呢，这个房子不好。"

妈妈很奇怪，不知道女儿为何这么想，但知道一定和刚刚看电视剧的某些镜头有关，便小心问道："小杰，你说的房子不好，是不是想告诉妈妈，房子里有你不喜欢的什么东西呢？"

"嗯！"女儿点了点头，又哭了几声鼻子，然后继续说道，"我不喜欢大蓝盆的房子！"

妈妈有点不解，女儿用手指了指靠近墙角那个装玩具的蓝色塑料盆。

妈妈一下子明白过来，原来电视剧里有个女孩，她的一些心爱的玩具也被收在一个同款的蓝色塑料大盆里。由此，女儿便把大蓝盆的房子、爸爸不在家、妈妈离家出走等毫无关联的事物错误地连接在了一起，所以担心极了。

　　想到这里，妈妈笑着抱住女儿，然后安抚道："小杰，你是爸爸妈妈最心爱的宝贝，爸爸为了咱们一家人的幸福，也为了更多家庭的幸福而暂时在外地工作，但是他每天也都很想我们，就像你想念爸爸一样，这和蓝盆子没有关系，那只是装玩具的工具而已。"

　　见女儿情绪有了好转，妈妈继续说道："电视剧中的妈妈因为太累了，需要照顾好几个孩子，还有很多家务要做，所以看到孩子淘气而生气地短暂离家了，但是过几天她就会回来了，就像妈妈有时也会生气，但是过段时间就好了。现在，你该睡觉了，美美地睡一觉去吧。"

　　小杰听了妈妈的话，卸掉了内心的包袱，很快就洗漱睡觉了。

　　小杰的妈妈很有耐心地倾听孩子的问题，并能一步步引导孩子说出困惑的问题点，然后帮助孩子梳理出了造成心理不安的问题所在，最终为孩子解开心结，她是我们每个家长学习的榜样。由此可见，倾听并及时帮助孩子表达出内心的感受是多么重要！

　　生活中，对于一些年龄偏小的孩子，家长可以借用一些手偶类的道具，通过情景剧的方式，让孩子把自己的所思所想和所做演绎出来。

而稍大一点儿的孩子，让孩子通过编故事、画画等方式进行内心表达也很有效。比如，当孩子有不良情绪时，妈妈可以跟孩子说："宝贝，我们来一起编一个故事或者画一幅画，好吗？"

　　这样，家长就可以间接通过孩子所编、所画的内容倾听到他的内心想法，了解他的最近心理动态了。

第四章

恰当提问，孩子自然说得多

───────────────

　　和孩子交流时，我们会发现有时他欲言又止，有时不问不答，为什么会出现这样的情况呢？这是因为我们的提问方式出了问题。恰当的提问可以让孩子有话可说且打开心理防线，这才是真正建立沟通的开始。

越开放，越爱聊

5岁的青青小朋友在一家私立幼儿园上学，爸爸妈妈都很关注孩子每天的生活和学习细节。这一天，妈妈来接青青放学。为了更好地了解孩子当天状况，妈妈一路上开始关切地询问，担心孩子受到委屈。

"青青，今天在学校吃得怎么样啊？"

"好！"

"青青，今天老师有没有表扬你啊？"

"没有。"

"青青，今天学习英语字母，你表现得积极吗？"

"嗯，还可以啦！"青青模糊地答应道。

"那到底积极还是不积极啊？"妈妈追问道。

"我都回答你了啊，妈妈，你可真啰唆啊。"青青有些不耐烦，噘着嘴跑到妈妈前面去了。

"这孩子怎么这么不耐烦啊？"妈妈很困惑，无奈地摇了摇头。

想一想，青青为什么会不耐烦？

原因就是，青青妈妈采用的是封闭性的提问。所谓封闭性提问，指的是对于问题的提出，其对应的答案偏于唯一性、范围小、有限制，因此所能得到的答案多是简单的"是"或"不是"。

青青妈妈的提问，使得孩子只能被动应答，其自我表达的积极性受到了压制，如同给孩子预设了一个框架，而孩子的回答无法超越框架范围。当然，封闭性提问不是不能采用，它真正有效的前提是向对方确认一件事的正确与否，这是可以使用的。

还有一种与其类似的提问方式：多重选择性提问。比如："你今天的手工课是用工具还是用手做的？"这种提问方式尽管看似非唯一性答案，但同样空间较小，孩子听到这样的提问甚至还容易受到家长暗示而掩饰掉真实答案，他可能会因为家长的喜好而随意做出违背事实的选择。

既然如此，怎么样提问才能让孩子有话可说呢？我们来看靓靓妈妈和靓靓的对话吧。

幼儿园放学时间到了，靓靓妈妈要去幼儿园接靓靓放学。

母女两人走在回家的路上，妈妈问："靓靓，今天你在幼儿园吃了什么诱人的美食，说出来，让妈妈也流流口水。"

靓靓听了妈妈的提问，顿时兴奋起来，说道："妈妈，我们今天吃了好多好多好吃的，有白白的米饭、香香的包子……还有我最爱吃的鸡翅。"

"是吗？妈妈的口水都流出来了。"

"嗯，还有呢，今天那位新来的助理刘老师还奖励给我一个大苹果。"显然，靓靓有更多有意思的事情要和妈妈分享。

"是吗，还新来了一位助理刘老师啊！那为什么刘老师要给靓靓一个苹果呢？"妈妈不失时机地询问孩子。

"因为刘老师说我今天内务表现好，做得又快又整齐，所以就奖了我一个大苹果。"

"哎呀，女儿今天表现真棒。那你今天又帮助哪位小朋友克服困难了？"

"我们班的小强今天玩跳绳时他不敢，我们大家都鼓励他做个勇敢的小朋友呢，最后他终于跳了。"

"是吗，我的宝宝真懂事。"

"妈妈，我鼓励他的声音很大，他肯定听得很清楚！"

……

母女两人一路有说有笑，快乐也感染了身边的家长，大家七嘴八舌地开始聊起班级、家里的有关孩子教育方面的事情。

相比青青妈妈，靓靓妈妈是不是可以获得更多孩子的在校信息呢？并且，两个孩子的表现也明显不同，靓靓妈妈的开放式提问让孩子更加乐于积极、主动去分享发生在幼儿园的事情，尤其是与自己密切相关的事情。

实际上，不同的提问方式的背后，折射出了不同的教育理念和方法。有些家长经常问的是："今天在幼儿园吃什么了？吃得好不好？今天有人欺负你吗？老师给你布置作业了吗？"而有些家长则会问："今天你有什么快乐要分享吗？今天有什么有趣的事让你特别难忘？你今天又有什么自认为满意的作品吗？"

前者以封闭性提问开启放学后的沟通，尽管这样的关心无可厚非，但会将侧重点放在生活、学习过程的单一方面，而忽视孩子自身的情绪变化、团队关系、成就感的建立等方面。

后者以开放性提问的方式进行的亲子沟通，让孩子乐于表达自己的生活和学习状态，每天都能沉浸在自我成长的快乐氛围当中。这种没有边缘限制的问答，可以有效缩短家长与孩子间的情感距离，激发孩子的表达欲望，家长可以及时了解孩子的想法与主张。

所以，我们还是向靓靓妈妈学习，去做一个会使用开放式提问方法的聪明家长吧。你可以在接孩子放学的路上，根据孩子的年龄、成长阶段的不同，多问一些如上类似的问题，让自己在及时了解孩子在校情况的同时，练就孩子寻找问题、思考问题和自己解决问题的能力。

越盘问，越烦躁

提到盘问，不知您有什么感受？反正我从小就吃过这方面的苦头，常常被妈妈盘问得无法接受。时代在进步，但是盘问孩子似乎还是很多家长的惯常沟通模式。

生活中，很多孩子一有空闲就会受到妈妈的"盘问"。比如说，"今天在学校里吃什么了？饿不饿？""今天学到什么本领？老师教了什么歌，再唱给妈妈听一下吧？"这些是多数家长的提问内容，巴不得能把所有问题一次问完。

航航同学已经是小学三年级了，放学刚到家门，书包还没放下，客厅的妈妈就起身走过来，开始关切地"盘问"起来。

"儿子，今天中午在学校吃的什么午餐？"

"今天表现有进步吗？老师今天没训你吧？"

"今天又考试了吧？考什么了？考得怎么样？"

……

妈妈一连串的提问，让航航有些不高兴。

"妈妈，我有点饿了，想吃点东西约同学去打球。"航航没直接回答问题，直接去厨房找吃的。

"等等，你着急的话，我刚好买了点面包，你先吃几口吧。"看着航航吃起了面包，妈妈接着问道，"刚才问你考试情况，到底啥情况啊，快和妈妈说说。"

航航终于失去了耐心，他吃了口面包，又喝了口水，叨咕了一句："妈妈，你让我清静一会儿吧。"说完转身回到了自己的房间，关上了房门。

妈妈刚想继续追过去问，手机忽然响了，原来是康康妈妈打过来的。康康是航航的同桌，和航航妈妈一样，也没盘问出孩子的最新情况，所以打电话想侧面了解孩子情况。

两个妈妈开始在手机里各自吐槽起自己的孩子不懂大人的关心，越聊话题越多。

航航妈妈当然是关心孩子的，否则也不会向孩子问出那么多的问题，但显然，这种连珠炮式的提问，除了让孩子反感之外，还会让孩子感觉家长对自己不信任。

如果家长没有这方面的意识，随着孩子年龄的增长，家长的盘问也会自然升级为：你给谁发微信呢？你的同桌是男的还是女的？你们学校的心理测试结果出来了吗，你是不是有点自闭呢？你在学校的排名是进步了还是又后退了些？……

如果孩子对这些问题失去耐心，家长可能也会如康康妈妈那样，通过其他同学或同学的家长侧面寻求答案，但从来不去思考为什么自己的孩子不会直接回答自己这些问题。

我小时候有过这样的经历，有时也会赶上家里来了客人，这让我非常难堪，毕竟不是所有家长关心的问题，我都能有一个理想的答案作为回复。这种不被信任的感觉让我觉得自己无法独立面对学习甚至生活，尤其家长的阶段性盘问让我感觉生活充满了不安。

其实，孩子再小，都在努力寻求独立。在独立成长的过程中，他需要帮助时，自己会以某种方式向家长寻求帮助，只要家长的这种帮助是友善的、鼓励式的，孩子不会错过。但是，家长过多的盘问，会引起孩子一种维护自己内心尊严的警觉，会担心家长的过多介入打乱自己固有的学习计划和日常安排。

期中考试结束了，很多家长在接孩子回家的路上开始了各种盘问。小宇的爸爸也去接二年级的小宇同学放学回家。和很多家长不同，小宇的爸爸似乎故意不去问那些在别的家长看来最为关注的成绩问题。他只是这样问孩子："儿子，最近在学校怎么样，开心不开心？"

以这样一句问话作为开端，自然就能听到孩子讲他在学校学习上的喜怒哀乐。在听到开心时，爸爸妈妈会和他一起大笑；如果不是或者遇到孩子自己解决不了的问题，他们就会进入"助理"角色，听候孩子安排，以此激发孩子主动解决问题的积极性。

所以，我提醒家长朋友们，想知道孩子学习近况和心理状态，请不要把诸多问题全部放在一个时间段进行提问。我希望你能一次只提一个问题，这是对孩子的信任。要知道，如果孩子愿意回答，他自然会把自己在学校的事儿全盘告诉你；如果他不愿意回答，他可能就会敷衍你。

与其通过盘问得到孩子无效的搪塞甚至沉默，不如问一个核心的问题让孩子专注思考并做出认真回答。

切记：问，核心前提是尊重，而不是俯视。如此，才能形成一段美好的沟通过程。

越质疑，越委屈

梅梅近期学习成绩不太稳定，与同一个小区同一班级的小明相比，差距越来越大，这让妈妈很着急。

周五这一天就要公布数学考试成绩了，妈妈很早就坐在客厅等待梅梅回家，想在第一时间了解孩子的具体考试情况。

眼看就要6点钟了，梅梅才不紧不慢地推开家门。

"妈妈，我回来了！"梅梅兴奋地向妈妈打招呼。

"你怎么回来得这么晚？路上跟谁在一起？又跑哪去玩了？"妈妈没好气地连续问梅梅。

"哦，小明生病了，我刚刚去他家给他讲解他的考试错题。"梅梅低声回答道。

"就你那成绩还能给小明讲错题？你不觉得你应该首先解决好自己的学习问题吗？"妈妈的语气充满了怀疑和责备。

"妈妈，我觉得我最近进步挺大的。"梅梅提高了嗓音，以示小小的抗议。

"你还挺自我满足的是吗？你手里拿的是考试卷子吗？"妈妈明显也提高了嗓音。

　　没等梅梅回复，妈妈已经走过去把卷子从梅梅手中夺了过去。

　　"71分？这就是你的进步？"妈妈看了一眼卷面上的成绩，更加气愤了。

　　"妈妈！那是……"梅梅急着解释。

　　"快写作业去，然后把错题弄明白，听到了吗？"妈妈把卷子甩给梅梅，命令道。

　　梅梅回到房间，把手里的卷子放到桌上，摊开。两张卷子，打着71分的写着小明的名字，而另一张，则是梅梅经过努力而提高的分数，96分。

　　晚饭后，妈妈去梅梅房间送水果，梅梅恰好去了卫生间。无意中，妈妈目光扫过卷子，再次仔细看了一眼卷子，忽然明白过来。

我们站在孩子的角度，不难想象梅梅从妈妈的反问中所体验到的委屈。这种反问式提问，实则夹带着一种变相责备，它以居高临下的质疑方式，呈现出了距离感极强的亲子沟通关系。

当然，日常生活中，这样的反问在所难免，但是如果家长不能以鼓励的方式解决、推进孩子成长中遇到的难题，一切的质疑、责备就会逐步瓦解孩子的自信，以及对家长的信任。

我们来看看丽娜妈妈这方面做得怎么样？

丽娜妈妈是一名钢琴老师，早在丽娜幼儿园时期开始，她就给女儿安排好了钢琴学习计划。而对于一个小孩子来说，钢琴的练习是枯燥的，尤其学习期间出现困难，就很容易让人产生懈怠。

这天下午，一个小时的钢琴课练习开始了。妈妈陪在女儿旁边看书，而丽娜则坐在钢琴前面照常练习。根据安排，丽娜在巩固了之前的两首旧曲子后，就要尝试最近的新曲子《致爱丽丝》了。

此时，坐在旁边的妈妈见丽娜迟迟不练习新曲子，而是反复练习之前的旧曲子，妈妈的脸色越来越不好看。

终于，妈妈按捺不住心中的怒火，问道："你是不是觉得我是聋子啊？你旧曲子都弹了三遍了，不打算往下进行了吗？你觉得你这样能绕过去新曲子的练习吗？"

丽娜停下来，低着头不说话。

看到丽娜一脸伤心的表情，妈妈忽然开始后悔，觉得自己的话有些过重。她调整了一下自己的情绪，然后俯下身，对丽娜说道："宝贝儿，对不起，刚刚妈妈不应该用责备的语气对你说话，妈妈太着急了，没有想到你面对新曲子的压力，妈妈和你一起练习新曲子，好不好？"

丽娜看了妈妈一眼，点了点头。

很快，在妈妈的鼓励和教导下，丽娜慢慢地开始了新曲子的练习。

和梅梅妈妈一样，丽娜妈妈在和孩子的沟通中，也采用了让孩子极不舒服的反问式提问，但与梅梅妈妈不同的是，丽娜妈妈能够在第一时间观察到由此导致的孩子的不悦，进而采取补救措施，让孩子的内心及时得到安慰。而孩子也能在这样的安慰当中获得鼓励，进而解决当前所遇到的问题，并不会由此与家长形成情感疏离。

在反问式沟通下，家长的变相责备会让性格软弱的孩子更加胆怯而不知所措，而对于性格本来就较为倔强的孩子，很可能进一步激化矛盾，对解决孩子的问题毫无帮助。

因此，家长要尽量避免使用反问式沟通，如果使用这样的沟通方式而造成沟通障碍时，一定记得及时安慰和有效鼓励。鼓励才是给孩子最好的成长礼物，一个大大的拥抱、一句有力的赞扬、一个适时的击掌等，都会给孩子带来极大的自信。

越审问，越防御

随着孩子年龄的增长，他们的独立意识也越来越强，有了自己的伙伴关系和对事物独特的见解。因此，家长与孩子的交流也不再像孩子低龄时那般频繁和亲密，很多脱口而出的简单问话如"作业做完了吗""午餐吃得怎么样""最近学习情况怎么样啊""你怎么越来越不听话了呢"等等，家长原本出于关心，想好好和孩子谈谈心，最终却演变成了一种"审问"。

于是，在这样审问式的沟通中，家长问一句，孩子答一句。慢慢地，家长问得多了，孩子的回答反而越来越少了。

男生宇凡和女生李楠在升入初一前就是同班同学，两个人在学习上互相帮助，一直是非常好的朋友。但毕竟到了青春期，宇凡妈妈很担心两个人走得太近，再因此造成不必要的烦恼。

正是因为妈妈的过多阻拦，使得宇凡与妈妈的距离感越来越强，交流也明显越来越少，彼此之间少了过去的那份信任。

周末的一天，宇凡吃过早餐，和妈妈说要去图书馆借书。妈妈脸上露出怀疑的表情，忙问道："宇凡，你自己去还是和别人一起去图书馆？是不是和李楠一起约好了啊？你和妈妈说实话！"

"我和别的同学一起去，是借点关于足球障碍训练方面的书。"宇凡解释道。

　　"哦？是吗？那个同学是男的还是女的？和你一个球队的吗？"妈妈审问一样地追问。

　　"女的！女的！女的！你满意了吧？"宇凡实在无法忍受这样的追问了。

　　"我不练球了，行了吧，免得你怀疑。"宇凡又回了一句，转身回到自己房间去了。

　　"你这孩子，妈妈不是也关心你吗，你怎么就不能理解我呢？"妈妈叹了口气，坐在沙发上。

这种一言堂的审问式沟通，完全没有民主可言，尤其是以对孩子的不信任为前提，已经让沟通在开始前就已经失去了应有的有效性。孩子的行为表现是家庭教育的一面镜子，那些沉默的、对抗的甚至极端偏执的孩子，往往与错误的沟通模式、教育思维密切相关。

一个健康的沟通并不需要复杂的专业技巧，只要家长从孩子的思维逻辑出发，就能让孩子积极主动地参与到对谈当中。

一个孩子放学回家，刚进家门，细心的妈妈就发现孩子的胳臂上有被抓伤的痕迹。见妈妈注意到了，孩子低着头不说话。

妈妈知道一定发生了什么事情，很快又想到，如果一味责备孩子，肯定很难问出事情的前因后果，便改变了方法，问道："儿子，胳膊怎么了？是不是发生了什么意外？需不需要再包扎一下？"

听了妈妈关切的问话，儿子鼓了鼓勇气，说道："妈妈，今天体育课上，有个同学故意用球砸我的头，我很生气，就和他打了起来，结果胳膊被他抓伤了。不过，只是皮外伤，不要紧的。"

"哦，我相信你一定很生气。"妈妈说道。

"是的，那个同学本来就调皮，总喜欢和别人开玩笑，我也是想给他一点儿教训。"儿子言语很激动。

"嗯，妈妈理解你。"妈妈继续鼓励道。

接下来的时间里，儿子滔滔不绝地讲起事情的前因后果，包括老师对他们两个人的批评细节。见儿子在这样的倾诉中得到了情绪上的缓解，妈妈端了一杯水给儿子，然后问道："好了，妈妈很高兴听你讲了这么多事情,那你觉得今天有哪些收获呢?"

儿子想了想,说道:"尽管我被他用球砸头很生气,也很委屈,但是我之后那么用力去还手也是不对的,我应该警告他,如果他不听我再通过老师进行调节,不应该和同学打架。"

"嗯,看来这也是你很有收获的一天,以后也要注意自己的情绪控制哦。"妈妈笑着叮嘱道。

儿子也微笑着点了点头,还决定明天再次向那位同学道歉。

家长如果在日常生活中,习惯于站在高位与孩子进行沟通,尤其采用审问式沟通,那么孩子就会启动自身的"防御系统",以沉默、谎言进行自保、对抗。而且随着年龄的增长,这种对抗性,无论是以沉默,还是以其他方式所进行的,都会愈演愈烈。因此,如果你还没有能力营造出一个民主平等的沟通氛围时,就请慎用这种审问式沟通。

要知道,家长只有以温和、平等的交谈状态与孩子交流,孩子才会真的将你作为一个真心接受倾诉的听众、一个肯于帮助自己解决问题的朋友。同时,交流中耐心听孩子把内心的委屈与不安倾诉完毕,才有可能逐步引导他梳理问题细节,找到问题解决方案。

越启发，越成长

为了了解孩子身上发生的问题、有什么个人独特的见解、有哪些表面无法呈现的情绪，家长需要适时对孩子进行恰当的提问。

而一个恰当的提问，首先需要家长放下自己主观预设的成见，如此孩子才能放下心理包袱，畅所欲言地表达内心感受。很多家长无法做到这一点，因此在与孩子沟通时才会造成各执一词的局面。

木帆读小学五年级，平常蹦蹦跳跳非常好动，身上的衣服总是脏脏的，腿上、胳膊上也总是好了旧伤又添新伤。妈妈逢人就说儿子不省心，有点运动细胞过于活跃。

这一天，木帆回家晚了，脏兮兮的，一身土，而且膝盖还破了皮，这让妈妈气不打一处来。

"天天操心，你又和谁打架了？我就多余给你买这身运动衣。"妈妈质问道。

"没，妈妈，这次您冤枉我了，我没和任何人打架！"

"那你怎么身上有伤，摔跤也不至于摔成这样吧？我都懒得听你解释了。"妈妈摆摆手，不想听任何解释。

"你看，我说什么您都不信，我也不和您解释了。"儿子无奈地摊了摊手，还和妈妈做了个鬼脸。

见儿子还这么嚣张，妈妈气得拿起手机，联系上儿子的班主任。

"喂，李老师您好，木帆是不是在学校惹祸了，弄得一身伤啊。"妈妈小心翼翼地询问。

"哦，您别误会，木帆最近表现很好，最近学校要开运动会了，木帆运动天赋好，他每天放学后在校体育场进行跳高、跳远训练，刚刚不小心摔了一跤，我这还没来得及和您沟通呢。"电话那边，班主任解释道。

电话这边，木帆也隐约听到了老师的话，又向妈妈摊了摊手，表示无辜。

妈妈放下电话，不好意思地向木帆表示抱歉。结果木帆因为妈妈经常这样责备自己，忽然显得一脸委屈，不想和妈妈再说什么了。

没错，木帆是个淘气的孩子，家长可能已经首先认定他不会做出改变，因此但凡有了磕碰，都会首先把"淘气""打架"的帽子扣在孩子头上，觉得孩子就是不省心。

实际上，淘气好动的孩子有自己的运动天赋，但妈妈似乎并不欣赏孩子这一优势特长，习惯于将惹是生非与他牵扯起来，因此沟通上自然存在消极、埋怨情绪，孩子自然也不愿意进行这样的沟通了。

其实，只要家长把握住孩子的性格特点、心理特征，及时与孩子共情，启发孩子将遇到的问题表达出来，孩子还是很愿意和家长交流的。

我们来看看佳明妈妈与佳明的一段沟通对话。

五年级的佳明放学后，哭着推门找妈妈。妈妈连忙走过去安慰道："怎么啦？儿子，看你这么伤心，出了什么事啦？"

"妈妈，我的自行车怎么找也没找到。"说完又哭了起来。

佳明的自行车是一个月前爸爸送给他的生日礼物，每天上学前他都会爱惜地擦得干干净净。

妈妈拍了拍佳明后背，说："别着急，妈妈知道你一定很难过，你能告诉妈妈具体怎么回事吗？"

"每天放学的人很多，为了早点放学回家，我就把自行车放在校外的一棵大树底下了。但是，我在那附近找了好久都没找到，一定是被人偷走了。"佳明一脸委屈，看了看妈妈，继续说道，"妈妈，是我自己不小心，你不会怪我吧，爸爸回来会不会批评我啊？"

妈妈笑了笑，回答说："爸爸妈妈都知道你特别爱惜你的自行车，现在自行车不见了，你肯定比我们还着急，我们怎么会怪你呢？"接着，妈妈话锋一转，说道，"但是，通过这件事，你觉得是不是我们自己也有一定的责任呢？"

佳明想了想说："是的，大树旁边本来就不应该停放自行车，我应该把车放在校内车棚里，那里有保安叔叔看着，还有监控呢。"

"嗯，那过段时间，我和爸爸再给你买一辆同款自行车吧，希望你能保护好它哦。"妈妈看着佳明，笑着说道。

"嗯，妈妈，我一定吸取这次丢车的教训。"佳明锁紧眉头，认真地向妈妈保证。

教育无小事，孩子的每个成长瞬间都无比重要，只要家长能够把握好机会，通过恰当的提问进行启发，都能让孩子获得成长。

佳明妈妈首先接纳了孩子丢车的委屈心理，又将孩子害怕被批评的压力祛除，然后逐步引导孩子如何避免丢车问题再次发生，最终让孩子在这次丢车事件中获得解决问题的方法，非常值得学习。

那么，我们如何做一个会进行启发式提问的聪明家长，以助力孩子更好地获得成长呢？

1. 多使用开放的、激发孩子思考的问话

如"你觉得问题出在哪里？""以后发生类似的问题你会怎么做？""你希望获得什么样的一个成果？"等等。

2. 不断尝试变化新鲜话题进行问话

如"你动动脑筋，想想今天会有什么有意义的事情发生？""如果有一天，你成为宇航员飞越太空，你最希望……""假如你也只有三天光明，你最想看到什么？"等等。

3. 多使用"敲门砖"语言

如"你觉得故事里的人这样对待自己的宠物正确吗？"以此引发孩子思考。又如"你认为……""你的意见是……""对于这个问题，你是怎么想的？"等等，以此引导孩子说出自己的见解。

4. 多说引导孩子倾诉情绪的问话

如"宝贝儿，需要休息一下吗？""爸爸能帮上你什么忙吗？""你看上去有些伤心，如果你愿意说，妈妈恰好有时间听你聊聊！"

所有的启发目的都是为了让孩子多表达，因为孩子诉说的过程，就是整理思绪的过程。如果家长能好好利用这个过程，就能让孩子积极地寻找到问题的对策。

第五章

真诚肯定，孩子自然有进步

　　《学习的革命》一书中有这样一句话："如果一个孩子生活在鼓励中，他就学会了自信；如果一个孩子生活在认可中，他就学会了自爱。"因此，发自内心地对孩子的变化和进步予以肯定，孩子就会将这样的收获与自信内化到思维深处，不断累积、不断发酵。

肯定越多，则进步越大

清代教育家颜元曾说："数子十过，不如奖子一长。"没有哪个孩子不渴望得到家长的肯定，但不是所有的家长都有真诚肯定孩子的思维意识。

杰明小学三年级了，最近一直很努力，尤其对于语文的学习格外用功，常常完成作业了，还会主动学习课外语文知识。

这一天，刚刚放学，杰明就手里拿着语文考卷进了家门。他高兴地冲着正在厨房做饭的妈妈喊道："妈妈，我语文考试得了95分，单科全班第二名，第一名是我的好朋友李亮，比我多一分，96分，今天我可要好好庆祝一下啊！"

"你说李亮多少分？96分？那还是比你多一分啊，怎么就没考过他呢？"妈妈一番话浇了杰明一头冷水。

"妈妈，我觉得第二名也已经很好了，我之前还不能考进前五名呢，已经进步很大了啊。"杰明对自己的成绩很满意。

"第二名有什么好庆祝的，你能超过李亮考了第一名，那才叫本事，那才值得庆祝。快去写作业去，不能取得这么点成绩就骄傲了。"妈妈又补充了一句。

晚饭时候，爸爸也下班回来了，杰明和爸爸委屈地"告状"，说："原来在妈妈眼里，我不能取得第一名就不值得庆祝，她永远喜欢的都是第一名的孩子，不是我。"

爸爸经过了好一番安慰，杰明的情绪才有了一些缓和。

赏识教育的提出者周弘说过："不是好孩子需要赏识，而是赏识使他们变得越来越好；不是坏孩子需要抱怨，而是抱怨使他们变得越来越坏。"

我相信杰明妈妈对孩子取得第二名的好成绩也是非常高兴的，只是她不希望经由自己的夸奖而让孩子产生骄傲心理。但是，杰明很明显是通过了自己的努力而取得了让他自己也感觉自豪的成绩，我们及时对他予以赞赏，这恰恰是对孩子努力行为的一种肯定，而非让孩子感觉自己的努力不被重视，甚至只为取得第一名而努力。

美国行为主义心理学家梅格·安妮说过："赏识孩子意味着什么？一个赏识的微笑，就好像阳光照在含苞待放的花朵上。赏识是热爱生命、善待生命，是孩子生命的无形阳光、空气和水。"每一个孩子都有上进心，那些因为努力而取得进步的孩子更需要这份来自家长的赏识，这会极大地增强孩子的自信心和自尊心。

这一方面，小冰的爸爸就做得很好，从女儿刚刚学会数数时开始，就寻找一切机会夸奖自己的女儿。

没上幼儿园之前，小冰可以结结巴巴地从 1 数到 20 了，爸爸便夸奖女儿："小冰真棒，每天都能多前进一小步。"跟着学习机学会了基本的英语单词"hello""bye-bye"等词汇，又夸奖女儿道："小冰呀，你可真是英语小天才，发音还那么好听！"尽管类似这样的表现在同龄孩子当中并不突出，但是从家长的角度来看，小冰爸爸夸奖孩子的频次可是最为突出的。

在爸爸的夸奖下，小冰各方面的兴趣特长也都发展得很好。到了小学阶段，她更是学习的积极分子，无论体育、音乐还是文化课的学习，她都能积极、主动寻求进步。

正如周弘老师所说："哪怕天下所有人都看不起你的孩子，做父母的也要眼含热泪地欣赏他、拥抱他、赞美他。每个孩子的生命都是为了得到父母的赏识而来到人间的。你的孩子是世界上最好的。"小冰的爸爸对于女儿的点滴进步做到了适时的鼓励和赞赏，使得孩子在成长的道路上一路向前，不断进步。

《学习的革命》一书中有这样一句话："如果一个孩子生活在鼓励中，他就学会了自信；如果一个孩子生活在认可中，他就学会了自爱。"

因此，发自内心地对孩子的变化和进步予以肯定，孩子就会经由这样的认可，将这样的收获与自信内化到思维深处，不断累积、不断发酵，最终在面对越来越多的实际问题时发挥出积极作用。

那些面对挑战而裹足不前的孩子，往往是因为对自己的能力缺乏信心所致，无论他主动迈开了尝试的第一步还是经由你的引导而有所进步，这都需要我们做出肯定，哪怕这样的进步多么的微不足道。

孩子从不断的跌倒中学会了独立行走，从咿呀学语中喊出第一声"妈妈"或"爸爸"，第一次画出了一个自以为满意的天空弧线……这些成长中的点点滴滴，转瞬即逝的瞬间，无不经过了孩子自己的努力和尝试。如果我们记得这些珍贵的进步和当初毫不勉强的鼓励、拥抱和亲吻，那就请继续这样的"努力"吧。

孩子在慢慢长大，我们也应该学会从孩子的成长中"努力"看到他的进步。因为，如果我们不能发自内心地关注我们的孩子，即使孩子有了成长的微妙变化，我们也无法感觉得到，这就是我们家长自身也需要努力的原因。

美国作家海伦·考尔顿说："有一点家长要明白，孩子是十分看重我们对他们的行为反应的。因此应格外谨慎地说出我们对他们的评价。"

终有一天，孩子将会长大，即便他的个头、成就、思考方式已经远远超过了我们，面对他们的背影，我们也不要忘记向他们喊一声："要加油哦，我看好你啊！"

因为，即便他们已经步入青春，即便我们已经老态龙钟，他们仍然期待我们的肯定。

正确欣赏孩子的3个要点

小玲妈妈性格开朗，非常喜欢和别人打交道，她也希望女儿能像自己一样，多结交朋友，多主动参与一些自己喜欢的活动。而上幼儿园大班的小玲偏偏性格内向，和邻居打招呼也会显得非常腼腆。就为这点，小玲妈妈有些不太满意，认为孩子这是非常典型的社交恐惧症。

一天放学后，妈妈去接小玲，门口遇到班主任，小玲妈妈赶紧趁机聊起女儿的问题来。

"李老师好，您说，我家女儿性格有点弱弱的，是不是在幼儿园也不太开心啊？是不是都没有自己的好朋友啊？"

"没有，你的女儿很不错，尽管她没有其他孩子那么活泼，但是她安静、有自己的想法，能够独立完成很多手工创作，这反而是很多孩子做不到的呢。"老师安慰妈妈道。

"可是，我很担心她的社交能力，因为她很怕生，如果没有老师您的帮助，会不会她自己一个好朋友都交不到呢？"妈妈依然很焦虑。

"您多虑了，每个孩子都有自己的性格特点，也有自己的优势特长，所以表现出来的能力和行为就有所区别，她有自己的方法交到好朋友，您就放心吧！"老师不断安慰妈妈。

听到老师这么说，小玲妈妈心里有了安慰，意识到自己夸大了女儿的社交恐惧，而忽略了女儿的极好的专注能力和独立思考能力。

回来的路上，她第一次有意识地听女儿对幼儿园一些事情的看法，发现女儿很有自己独特的想法，充满了想象力。

小玲妈妈从自己的主观愿望出发，期望孩子成长为自己所期待的那个样子，她所在乎的更多是自己，而不是孩子本身。她没有尊重孩子自身特有的性格和独特的思考能力，反而夸大了孩子的某些行为特征，这是需要深刻反思的。

现实生活中，不是所有的家长都有机会像小玲妈妈那样，孩子能够有幸得到某个老师的指点和肯定。大多数父母往往用挑剔的眼光抓住孩子的某个所谓短板大做文章，这实际上严重违背了孩子的成长规律，会让孩子的心理健康难以得到保障。

每个孩子都需要家长用欣赏的眼光去发现他的独特之处，家长的欣赏是孩子不断成长的动力。这种欣赏是一种发自内心的爱，是孩子犯错时家长所能秉持的包容，是孩子情绪波动时家长所能保持的平静，是有了一点儿成绩后家长的不吝夸奖。

　　现在，我们来听听王海翔的故事。

　　王海翔从小就跟着妈妈学习书法，每次的书法练习结束，妈妈都会把儿子当天的"作品"当作宝贝收藏起来。因为妈妈也是一位优秀的书法爱好者，所以能够将儿子练习中写得好的几个字特意圈起来，以示鼓励。她常常对儿子说："只要今天比昨天有进步就行。"

转眼好多年过去了，到了 2000 年，有 4000 多名高考生参考的清华大学国际 MBA 班，王海翔成为最终入选的 62 名学生中的一员。

回忆起小时候与妈妈学习书法的时光，他说："妈妈从来不强迫我练字，但只要我一写，妈妈就会非常欣赏地说：'这字写得很好啊！怎么比上次提高得这么快？'因为妈妈老是表扬我，后来我真的爱上了书法，水平不断提高。

"虽然妈妈已经无法从技巧上再给我帮助了，但我仍然觉得，妈妈跟我站在同等的位置上，她作为一个欣赏者，对我非常重要。并且，正是由于有了这样的鼓励，我的文化课学习也得到了很大的提高，我高考的成功与妈妈儿时对我的鼓励密切相关。"

每个孩子都有上进心，如果有人欣赏他，他会在精神上受到激励，在情绪上得到满足，这种成长中所带来的自信和喜悦将会影响他成长中的方方面面。

因此，作为家长，如果你能随时随地都用欣赏的眼光看孩子，最终你会发现，原来你的孩子其实也很棒。如果你持续去强化这样的欣赏，终有一天你会收获由此带来的惊喜。就如王海翔的成功绝非偶然，这正是妈妈多年来对儿子赏识教育的结果。

家长要学会正确欣赏自己的孩子，有以下三点需要注意：

1. 用全面的眼光看待孩子

所谓的全面，就是除了文化课的成绩以外，孩子的性格、兴趣爱好、文体才能、文明礼貌、交往情况、卫生习惯、劳动表现、动手能力……这些都是评价孩子的因素，哪一点表现得优秀，都需要我们去强化。

2. 用发展的眼光看待孩子

家长要善于拿孩子的今天跟孩子的昨天、前天比，而不是跟别的孩子比。比如某天表现得较好，某次考试有进步，某次想出了新点子，某次显得有礼貌……这些都应该及时给予肯定。

3. 用辩证的眼光看待孩子

每个孩子都会犯错，都有缺点和不足，家长要具体事情具体分析。比如孩子的某次考试不理想，问题较多，应该具体分析是粗心，还是知识点模糊，或者做题方法有意识创新而产生时间延误等，不能因为分数较低就只顾批评，而是肯定既得成绩的同时，找出问题所在。

及时表扬，则效果最强

很多家长懂得表扬孩子的重要性，只是不懂得表扬孩子的及时性，从而做出"事后诸葛"那样的事情来。实际上，我也经常做出这样的事情来，这的确不太应该。

有一次，我和女儿一起散步，在聊起帮助他人的问题时，我忽然想起一次过马路的过程中，女儿主动扶着一位眼神不好的老奶奶走路的事情。聊着聊着，我就以此作为举例，表扬了她那次主动帮助他人的行为。

表扬完毕，我没有见到女儿有什么太大反应，就问："我这样夸奖你，为什么你没有回应呢，是不高兴了吗？"

结果女儿的回答让我哭笑不得，她说："什么时候的事情啊，我怎么没有印象了呢？"

这真是让我尴尬不已。

当然，我在事情发生的现场没有及时表扬孩子，其中可能存在诸多原因，比如正在打电话、忙着躲避红绿灯等，但是这都不应该是一个合格家长的所作所为。要知道，一个成长中的孩子，他的一举一动，尤其是在与家长同行时所发生的林林总总，他一定渴望得到家长一个及时的回馈。

某小学数学老师曾做过一个实验：一次期中考试之后，他分别在不同时间对两个班级考试成绩差不多的两组孩子做出评价。

他对其中一组孩子这样说道："你们的成绩很不错，都是聪明的孩子，继续努力吧！"然而又对另外一组孩子做出了几乎一模一样的评价："你们的成绩非常好，非常棒，继续努力吧！"

但是不同的是，他对第二组的评价时间是期末考试即将开始前，注意，第一组是期中考试之后，而第二组则拖延至期末考试前。结果，受到及时鼓励的那组孩子在期末那次考试发挥得更加出色，而鼓励较晚的那组孩子则大部分成绩平平，总分也远远不及第一组的那些孩子。

通过这样的实验发现，如果孩子好的行为不能得到及时表扬，或者表扬拖延、滞后，则孩子由此受到的激励效果很差；反之，受到及时表扬的孩子则更容易从这次的鼓励中激发出继续努力的动力和潜能。

时过境迁，孩子没有得到持续努力的动力或者对发生过的行为印象模糊，则孩子的进步就会无形当中被否认。

有一次，我加班回家晚了，进屋发现女儿正在厨房帮助爸爸洗菜、打下手，我忙夸奖道："哎呀，爸爸今天有小助手了啊，今天的菜一定很好吃！"

女儿听到我的表扬后非常开心，干得更起劲了。

没想到，这次无意中的表扬居然有了"扩展效应"，不仅是在自己家，即使到爷爷奶奶家，女儿也会主动帮助择菜、洗菜。奶奶舍不得孩子受累，孩子却说："不行！我要做，妈妈那天都夸我是好助手了。"

从此以后，女儿经常在学习之余，帮助家里做些家务活，一直到现在都如此。

孩子年纪小的时候，言语行为有时没有太多主动意识，他很少像大人那样去考虑做一件事的结果到底能带来什么，有些孩子甚至在做完某件事后，也很快在结束后就统统忘记了。因此，我们应该在日常生活中多去观察孩子的一些活动细节，这样才能给孩子的某些行为、意识带来积极、正向的刺激和回馈。

比如，当孩子出于好奇而拿起拖把，模仿家长拖地时，家长可以及时表扬他说："呀！宝贝可以帮助咱们家打扫卫生了，真是爸爸妈妈的好帮手啊！"如此，孩子就会因为这样的强化而不断持续这样的行为。这不仅锻炼了孩子的动手能力、责任意识，还能让孩子因为有了参与感而感到快乐和自信。

除了口头夸奖，还可以借助身体语言，比如亲吻一下孩子，摸摸孩子的头，拍拍孩子肩膀，送他一个微笑的眼神……这些身体语言，更容易让孩子感动，更容易产生积极的效果。

具体表扬，才能举一反三

生活中，还是有很多家长能够对孩子的突出表现有所欣赏和鼓励的，只是因为有时赞扬或激励过于单一而使得孩子逐渐对这样的表扬不太在意了。

一次，我的一位高中同学在电话里和我抱怨说："你过去经常让我多欣赏孩子，要多鼓励孩子主动帮家长做事的行为，我觉得很有道理，但是怎么慢慢就感觉不太管用了呢？"

我让她描述一下具体如何对她的孩子进行表达的，她说道："我有一次看到他周末写完作业，拿起扫帚把我们家的客厅、阳台统统打扫了一遍，然后我表扬了他。"

"具体怎么表扬的呢？"我问她。

"'你干得不错，真棒！'我就是这样对他提出表扬的。"她继续解释道，"之后一段时间，他果然经常帮我们家里主动做些力所能及的家务，我都说出了类似这样的表扬，我觉得我表扬得很及时，但是后来他的这些行为却越来越少了。"

"那你的孩子在听到你的表扬后，具体是什么反应呢？"

"最初几次还是很高兴的，但是慢慢就没了兴趣。哦，会不会是我的表扬太没创意了呢？"她忽然自己意识到了什么，这样问我。

"是的，如果你的表扬不够具体，孩子只是接收到了'棒'的结果，但是并不知道具体棒在哪里，而且单调的表扬听得多了自然也就失去鼓励的味道了。"我这样告诉她。

我的同学听了，也意识到问题出在了哪里。

没错，很多家长已经意识到了赏识教育的重要意义，只是在具体实施中没能把握好技巧，因此效果打了折扣。实际上，泛化的表扬即使频次再多，对孩子的激励也意义不大，因为笼统、泛化的表扬过于模糊，让孩子无法理解自己具体哪里表现得较为出色。

也就是说，我们对孩子的表扬越具体，孩子对哪些是好行为就越清楚，孩子就越容易找准努力的方向。比如，孩子有一天各方面表现都很好，家长应该说："你今天早上按时起床，上学没有迟到，又帮老师收拾玩具，所以你是一个棒孩子。"用这种方法来肯定孩子守时和助人为乐的好习惯，孩子就会知道自己哪里做得好，今后如何努力。

有一次，我的女儿写了一篇作文，我读了后感觉很不错，此时，我不能简单地说"你写得不错，以后多写"之类的话。这样说，孩子不会因此就喜欢写作，或者即使写了也会不愿意给我看。当我仔细阅读了她的作文内容，体会了她的用心和用意，我做出了类似这样的评价："我欣赏你在文章中表达的思想""我觉得你用来描写自己的感受的那一段文字非常形象、生动"……这样，女儿就非常主动地和我交流她写作时的具体想法和相关的体会，而且也进一步拉近了我和女儿之间的情感距离。

　　家长越是将表扬的内容具体、真实且生动，孩子就越能以此作为动力，然后不断完善这样的行为，力求接近完美。

　　具体地赞美孩子，实际上是对孩子的行为动机进行肯定，对孩子的努力和付出表示欣赏，对孩子做好这件事情的方法进行总结，便于孩子以后举一反三，做得越来越好。事实也证明，我的那个高中同学后来就是因为改变了表扬的方法，运用了具体表扬之后，才让她的孩子变得越来越出色的。

　　总之，在表扬孩子的时候，家长一定要尽可能地具体说出孩子好在哪里。这样，才能达到良好的沟通效果。

赞美孩子的2个要点

　　法国心理学家高顿教授经研究证实：一个孩子，如果他从来没挨过批评，到处都是赞扬之声，这对他的心理健康发展毫无益处。与此同时，我们要是过分表扬这个孩子，则往往又会让他产生这样一种错觉：我自己是最好的那个。

　　小学三年级的刘峥同学是在爸爸妈妈的表扬声中长大的，父母认为孩子不能批评，要多鼓励，这样才有进步。为了让孩子不断进步，他们但凡看到孩子有了某方面的进步，都会热情地提出表扬。

　　不过，有时候为了让孩子增长棋艺、球技，爸爸会故意输给孩子，让孩子觉得自己可以去和成年人对抗比赛。就这样，已经读到小学三年级的刘峥，已经很难接受别人的批评之声，即使被班主任好意地提出批评、提醒，他也会委屈得不得了，甚至掉眼泪、不吃饭。

　　最终，刘峥成了让爸爸妈妈也开始头疼的孩子。

　　的确，适度、适时的赞美，能让孩子开心并建立他的自信心，也能让孩子因为这种赞美而按照家长所希望的那样，有节奏地进步。但是，过多的赞誉会让孩子无法认清自己的真实能力现状，会虚拟地活在这样的成就感中自我陶醉而一无所知，更重要的是，他可能无法接受名誉的泡沫被现实破灭的那一天，那会让他无所适从。

这样的后果就如刘峥同学一样，最终已经达到是非不分的地步，父母犯了一个美丽的错误，是过度的宠溺所带来的必然结果。

因此，赞美孩子的进步一定要掌握好火候，避免出现极端的情况发生。很多孩子本来某些潜质很好，就是因为取得了一点儿成绩就开始目中无人，最后变得狂妄自大、不思进取，学习成绩一也再下降，非常可惜。

小莲同学这次的成绩非常好，总分全班第1名，因此得到了老师和同学的夸奖，她自己也非常开心。

晚饭时，妈妈夸奖女儿道："小莲啊，能够取得这样的好成绩，是你努力的结果，你是爸爸妈妈的骄傲！"

小莲看了看爸爸妈妈，露出一种不屑的表情，说道："嗯，我其实都没怎么复习，取得了总分第1名的好成绩，我是不是很厉害？"

爸爸也问了一句："小莲，你们班级第2名的和你总分差多少啊？"

"差3分！"小莲脱口答道。

"那第3名和第2名差多少分呢？"妈妈也跟着问了一句。

"差2分！"小莲想了想，回答道。

爸爸妈妈互相看了一眼，意识到不能过于夸赞自己家的孩子，实际上每个同学成绩相差并不大。

晚饭后，妈妈又来到女儿房间，轻轻地告诉女儿："小莲，这次你取得了好成绩，爸爸妈妈为你感到高兴，但是大家成绩相差不大，这就说明我们不能骄傲，彼此互相良性比拼才能继续进步，是不是？"

听了妈妈的话，小莲也郑重地点了点头，表示理解爸爸妈妈对自己的忠告。

做家长的，要始终记得一个道理：赞美必须遵循使用的量和度才能有效发挥作用，否则就会出现过敏性反应。小莲妈妈在夸奖女儿时，意识到让女儿产生骄傲心理的可能而对女儿及时做了忠告，这是非常值得学习的地方。

这里，家长在赞美孩子时，尽量记住以下两个要点：

1. 赞美孩子的频次要酌情适度

频次过多，孩子就会觉得赞美越来越廉价。比如，为了培养孩子按时起床好习惯，起初，我们一旦发现孩子有了进步，就要及时给予表扬。慢慢地，当孩子习惯了我们的表扬时，则要逐步减少表扬的次数，直到孩子养成了一种自觉按时起床习惯时，再去从其他方面的进步予以关注和表扬。如此，才能充分发挥赞美的作用。

2. 赞扬孩子的语言要坦诚明了

家长对孩子的表扬中肯就好，能够让孩子直接感受得到，这才是最恰当的赞扬。比如，孩子收拾了屋子，我们只需要对他说："今天家里真干净，让人看着真舒服。谢谢你。"这样就可以了。像诸如"哎呀，不得了啦，你的变化真是了不起啊"之类的话就有些夸大其词了，也显得不太真诚，就不必对孩子讲了。

孩子的进步离不开家长的鼓励和赞美，但赞美是一门艺术，家长需要好好把握。只有正确、有效地赞美，才能够从正面引导孩子不断向更好的方向迈进。

犯错，知错，纠错

周六的晚餐时，妈妈提醒爸爸记得第二天洗一洗家里的那辆车，爸爸点头答应。第二天是个好天气，爸爸准备好洗车工具，来到车库准备洗车。结果刚到车库，就发现儿子正在那里紧张地忙碌着。

"哎呀，你这是干啥呢？你把这车都给毁了！快，一边站着去！"爸爸大喊了一声。

原来儿子拿着钢丝球已经把车体刷得脱了皮，横竖不等的擦痕纹理，已经毁了这辆车的外观。

见爸爸表情不对，3岁的儿子也惊呆了。刚刚买了几个月的新车就这样被热心帮忙的儿子毁了容，爸爸真是气得发抖。

此时，儿子一脸委屈，不知所措地站在那里，眼泪吧嗒吧嗒地掉了下来。

孩子因为年龄小，没有太高的认知和行为能力，难免会出现"帮倒忙"的情况。此时，家长固然生气，但是若由此打骂孩子，可能就打击了孩子主动帮忙的积极性，甚至类似的事件还会对他形成过激反应。

因此，既然有些"帮倒忙"的后果已经形成，不如把这次事件作为培养孩子积极学会正确处理问题的良好开端。就如好心洗车的儿子，他就可以通过这次学习，知道洗车工具对洗车的专业，还能创造良好的亲子共处机会，何乐而不为呢？

其实道理并不复杂，好比我们在工作上犯了某个错误，领导为此狠狠批评了我们一顿，我们尽管知道有错，但还是感觉极不舒服。尤其小孩子，他还是一个正谋求渴望家长认可的阶段，他很希望自己的努力得到爸爸妈妈的认可，他所有的过错也更多是无心之过。

有句话说，尽可能少犯错误，这是人之常情；永远不犯错误，那是天使的梦想。千万不要因为一点儿小错就把孩子的积极努力全部否定，要懂得在原谅中让孩子学会成长。

我记得女儿上一年级时，有一次是教师节，为了表达对老师的节日祝福，女儿居然头天晚上偷偷把邻居院子里几朵开得正艳的花朵全部摘光了。

我和先生知道了前因后果后，真是觉得又好气又好笑，想来想去，觉得这实际上并不是一句简单的道歉就能解决的问题。

我告诉女儿说："你想用花朵祝福老师节日快乐是很好的，但是你未经邻居阿姨同意就偷偷自己去摘花朵，这是不礼貌且不道德的行为，我们是不是要为自己的过失负责呀。"

女儿低着头，尽管有些不高兴，但还是意识到了自己的错误所在。当天下午，我带着女儿去花市，让她根据摘掉的花朵形状、颜色和大小，最终买了同款的几盆花回家，然后和先生一起来到邻居家表达歉意。

当我们让女儿亲口向阿姨表达歉意，并说出自己的问题所在时，阿姨非但没有生气，而且非常开心，还把墙角里一朵没有被女儿摘下的花朵送给女儿。

从此以后，女儿再也没有犯过类似的错误，还经常帮助邻居阿姨照看植物，学习了很多养花常识。

其实，每一个孩子都是在不断的试错中成长起来的，让孩子在错误中去学习，这是每个家长需要的一个教育认知。只有以这个认知作为前提，我们才能对孩子的过错不再大呼小叫甚至不知所措。

那么，家长如何才能做到原谅与宽容孩子的过错呢？

1. 不要总盯着孩子的缺点不放

如果家长发现孩子的身上有许多令自己难以忍受的缺点，那我们可以努力找出他的一些优点，当孩子犯错误时，多想想他的这些优点，这样你就会发现，没有一个孩子是十全十美的。

2. 要引导孩子纠错的方法

因为害怕承担责任，孩子不敢认错，或者有时完全不知错在哪里。家长在谅解孩子的同时，告诉孩子问题所在，然后与孩子一起面对问题、解决问题，这样孩子不仅明白了自己的错误，还收获了纠错的方法。

当然，还是有些家长存在一些隐忧，认为如果孩子总是因为自己的包容而屡屡犯错，怎么办？这就需要家长的日常把控能力，对于一些可能存在严重隐患或者生命财产安全的领域范畴，切记针对孩子年龄做出合理化区分。毕竟，针对孩子的培育，要考虑孩子的认知能力范畴，不可忙碌进行。

总之，以一颗宽容之心去面对孩子的无心之过，孩子才有无限进步的可能。

4步骤拯救破罐子破摔心理

破罐子破摔的现象在生活中很常见，当一个人遭遇失败与挫折，痛苦和不幸的时候，意志不够坚强的人很容易产生这种心理。这些人常常会说："我没希望了""我就破罐子破摔了""我听天由命吧"……

如果是孩子产生了这种破罐子破摔的现象，很大程度上是由于父母的不当教育造成的。

郑楠是四年级的学生，他的成绩曾经有一段时间保持得很不错，但是后来却一直在及格线以下徘徊。

他的数学成绩一直不及格，没少挨父母的批评。后来在老师的鼓励下，他努力过一阵子，终于有一次考了68分，一种成功的喜悦感立刻涌上心头。他一放学，就立刻跑回家把这个好消息告诉了爸爸妈妈。没想到，爸爸妈妈都很冷漠地说："及格就高兴成这样，你啥时候能赶上邻居家的强强，人家哪一科低于80分过？"

郑楠本来想得到爸爸妈妈的肯定，但是却得到他们的一顿批评，他很失望，但是想自己再努力一些也许爸爸妈妈就能高兴的。于是他又继续刻苦学习，终于有一科提高到90分！可是当爸爸妈妈看到他兴冲冲的样子又板着脸说："你别骄傲，考了 90 分算什么，你看你表姐，人家动不动就拿双百呢……"

郑楠彻底失望了，自己努力换来的成绩只希望得到爸爸妈妈的认可和赞赏，但是得到的都是爸爸妈妈的否定。

郑楠想：既然你们认为我没有出息，我怎么做你们都不会满意，那么我又何必努力呢？于是他从此自暴自弃，成绩很快回落到原来不及格的状态。

像郑楠父母一样总是打击孩子信心的家长并不少见，或许他们的本意是想激发孩子的斗志，但是盲目地与别人相比却容易挫伤孩子的自尊心。这给孩子传达了一个信息：即使你再努力也总是一个失败者！

　　有的家长对孩子的要求很高，虽然看到孩子成绩有所提高，但没有达到自己的标准，便往往无视孩子的努力，给孩子浇冷水。

　　有的父母总担心表扬孩子会造成他的骄傲，便总用批评的语气。于是孩子就会失去信心，变得茫然，进而会觉得自己是一个废物。

　　有的家长动不动就因为孩子小小的过错对孩子横加指责，甚至打骂。也有的家长习惯于用食指和孩子说话，他们完全没有把孩子当作一个需要尊重的个体来看待，没有考虑孩子的个人感受，认为孩子只有在逆境中才能成才。其实不然，孩子常常会在你"人为"制造的逆境中沉沦、绝望，最后毫无斗志。

　　有的家长因为孩子以前没有做好，就认为孩子一直不会做好，进而凭自己一种主观的判断认为孩子永无出头之日，对孩子不抱希望，对孩子做的事情熟视无睹，既不批评，也不肯定。长此以往，孩子的行为没有了标准，他就会变得麻木，对世上的一切都没有了兴趣。孩子一旦产生了这种消极的信念，就会丧失行动的动力。

　　事实上，孩子天生积极，喜欢到处探索：他一睁开眼睛，就尝试着到处看；当他能控制自己的动作时，就开始喜欢到处爬，到处摸……当然，因为是"第一次"，所以出错很多。如果孩子的每一次尝试成人都报以厉声呵斥"不准……"，或大惊小怪地惊呼"危险！不要……"时，他就好像被吓到一样，久而久之，他对自己要做的事情变得不自信了，因为他不知道做完了之后大人是不是又该大声说"不"了。结果，他也许会如你所愿地变成一个"乖"孩子，哪儿也不碰，什么也不摸，但却把"自卑"的种子深深地根植于心中。

作为家长，应该如何做，才能拯救孩子破罐子破摔心理呢？

1. 积极鼓励孩子的对外探索

当孩子尝试的时候，只要不是极端危险的和损害别人的，就不要横加指责或制止，而应该对孩子敢于尝试的行为予以鼓励和帮助。积极的评价会让孩子对自己充满信心，自我效能感因此提高；负面的评价会打击孩子的自尊心和自信心，孩子可能因此而破罐子破摔。

心理学家认为，这种"说你行，你就行，不行也行；说你不行，你就不行，行也不行"的现象，其原因就是孩子长期受到这些话的影响，在心理上形成了正面或负面的自我评价，久而久之，就会固化成他们的行为特点。

2. 让孩子去勇敢尝试

当你在厨房洗碗，孩子总想跃跃欲试时，请别对他说："不行！

你太小，洗不了！"而是给他一个盆，放里面一个碗，让他洗个够；当不会扫地的孩子总来抢你的扫把时，别简单地拒绝："去去去！越帮越忙！"而是给他一个小扫把，让他扫个够，即使他真的把地扫得一团糟，也不必太计较，而是赞扬他："真能干，会帮妈妈扫地了！"

之后，再悄悄地把脏地收拾干净；孩子要吃大蒜辣椒，不用担心他被辣着，在经过尝试后，他自然会选择以后还要不要吃；孩子去摸菠萝，用不着告诉他上面有刺，只是在他大喊疼痛的时候对他说："你真棒，发现了菠萝会刺手。"

3. 败后要给予及时的安慰和支持

除了对孩子的评价内容要积极之外，还要注意在孩子失败了的时候给予安慰和支持。

孩子第一次给爸爸洗衣服，以为开水会把衣服里的细菌都杀死，结果好好的衣服被烫得缩了水。这时候，面对着沮丧的孩子，你应该说："没关系，这回你肯定知道不能用那么热的水洗衣服了，长了一个经验。"孩子试着自己折飞机，却没办法让飞机飞起来，你可以建议说："把头弄尖一点儿试试。"

切忌在孩子失败的时候挖苦他，那会熄灭他的探索热情；也不要在孩子失败的时候可怜他，那会使他丧失克服困难的勇气。

4. 对孩子的尝试予以进一步的启发和建议

如果孩子出于好奇把小闹钟给拆了，先别着急责备他，而是问问他，你想知道什么？可不可以试着自己再把闹钟装上？孩子看动画片入迷了，与其为此而发愁，不如在网上下载一个动画片，一起给动画片配音玩。要是孩子哪一天说"我可不可以不吃饭？"完全可以让他试一次看看！

当然，如果确实是绝对不可以试的事情，必须用斩钉截铁的语气告诉他："绝对不行。"比如孩子问："我可不可以在爸爸睡觉的时候，把鞭炮放在爸爸的耳朵边点着，吓他一跳？"

鼓励是自信的酵母，夸奖是自信的前提，自信是信心的基础。夸奖不仅仅表明了父母对孩子的信心，同时也坚定了孩子对自己的信心，只有孩子对自己充满了信心，他才会为成功找办法，不为失败找借口。

恩威并施，用表扬包裹批评

真诚的赞美，会给孩子心里洒满阳光，但是，在孩子的成长过程中总是免不了做错事情，有时候也需要我们善意的批评。赞美是鼓励，批评是督促，二者缺一不可。

由于批评是一种否定性的评价方式，因此，批评不当，很可能让人无法接受，甚至会损害一个人的自尊心。

比方说，如果孩子不小心打碎了一只碗，就被你不分青红皂白地大骂了一顿。这时，他心里会想些什么？他会认真思考做错事的原因，还是不停地琢磨你对待他的方式？他肯定在心里面想你是多么厌恶他，相比对他的爱来说，你更关注一只碗的价值。而当他把注意力放在你如何对待他这件事上时，自然就不会想到他做错的事情了。

如何在孩子犯错时与他很好地沟通，帮助他认识到问题，使他能够得到成长呢？

看看有位智慧的妈妈是如何做的：

同样是孩子打碎了一只碗，妈妈赶紧跑过来说："孩子，让妈妈看看手有没有受伤啊？哦，没受伤还好。你一直做事情很仔细的，怎么会不小心打碎了碗呢？打碎碗会很容易让你和别人受伤的，而且还浪费钱财。妈妈希望你以后拿碗的时候一定要小心一点儿，好吗？"

同样的一件事情，不同的处理方式就会产生不同的结果。显而易见，后者的方式会让孩子很容易接受，并且确信妈妈是爱自己的。

表扬——批评——鼓励，这种方式也叫三明治式批评，这种方式会使受批评者愉快地接受批评。它的优点就在于，批评者在批评的同时提到了受批评者的长处，这实际上是在替受批评者辩护。

孩子的能力、为人、学习是否努力等方面，有很多可以肯定的地方。如果父母视而不见，孩子可能会觉得不公平，认为自己多方面的成绩或长期的努力，没有得到应有的重视，而只因为一次失误就被抓住不放，并且他很有可能会感觉自己的父母是故意挑他的刺。而父母在批评的时候先赞扬孩子，就是在避免误会，表明自己对他的认可，让他知道批评是对具体的事，而不是对他这个人的，他自然也就放弃了用辩解来维护自尊心的做法。

心理学家詹姆士曾说过"人类本质中，最殷切的要求是渴望被肯定"。那些热情向上的孩子更是如此。所以，我们在批评教育孩子时，不要忘记用表扬包裹批评。

中国有句老话，说是打一个巴掌揉三下，打一巴掌给一个甜枣，或者叫"恩威并施"。如果把表扬视为正刺激，批评为负刺激的话，在这里，前一个表扬和后一个鼓励不是同一内容。看似表扬得多，但被强化的仍然是批评。

批评的时候，就好比在别人身上动手术，稍有疏忽，就会伤人，影响治疗效果。因此，批评必须谨慎又谨慎。

批评孩子的时候还要注意场合，可以当外人的面夸奖孩子，但是批评的时候，要注意在私下里进行。最高的批评境界是：设法使自己的意思暗暗移植给对方，让他自认为是在主动弥补自己的过错，而不是在你的批评之后。

家长想要给孩子制作出美味的"三明治"，有些材料是必须准备好的：包容心一颗、能发现美的眼睛两只、夸奖三份、鼓励一斤、责备五两……

值得一提的是，孩子一再犯错误又不肯改正，这种方法不但起不到教育作用，还会让孩子感觉父母或老师不过如此。这就应该调整批评方法了。

除了给孩子吃美味的"三明治"，在对孩子进行批评时，还要注意以下问题：

1. 平等沟通

人和人之间是平等的，这个平等原则同样适用于父母和孩子之间。但是，很多父母总是端着家长的架子，以长辈的身份去指责、训斥甚至谩骂孩子，那样容易产生隔阂或抵触情绪，不利于沟通。家长要学会站在孩子的角度，以朋友的姿态，心平气和地指出孩子的错误，客观地分析产生的原因，并指出努力的方向，这样容易被孩子接受，效果才会更好。

2. 相互配合

在批评孩子的时候，父母的教育态度一定要一致，相互配合，形成合力。如果夫妻双方在某个问题上有分歧，应事后进行商讨，维护彼此形象，不要当着孩子表露出来，切忌相互拆台。如果当着孩子的面一个打一个宠，一个严厉批评一个温柔袒护，或是夫妻之间相互指责，只会使孩子是非不清、无所适从，长期如此，易造成孩子的两面性，让孩子学会钻空子，见风使舵。

3. 尊重人格

孩子有过错，理应批评，但其人格应受到尊重。批评应对事不对人，要维护孩子的自尊心，不能因为孩子犯错就一味否定的孩子的行为。父母要鼓励孩子提出自己的意见，说出自己的想法；在倾听孩子的意见后，对孩子的正确想法和行为应给予充分的肯定，并适时指出他们存在的错误和不足，就事论事，以理服人，真正帮助孩子找出问题，改正缺点。

4. 态度冷静

无论无意还是有心，孩子已经犯了错，吼叫、打骂、威慑只能让孩子产生逆反心理，不能从根本上使孩子认识错误的大小和严重性。要让孩子认识到错误，从而加以改正。作为孩子的亲人，尤其是父母，首先要冷静，弄清事由，是有意还是无意，是习惯还是偶然，多听听孩子的意见和心声，再酌情处理；在维护孩子尊严的前提下，态度诚恳，动之以情，晓之以理，这样孩子会很好地接受你的意见和建议，从而达到教育的效果。

5. 客观公正

批评孩子客观公正，方可有效。要客观地告诉孩子犯了什么样的错误，帮助他分析犯错误的原因，以及所犯错误会带来什么样的后果等，这样孩子才会心服口服。切勿将错误过分夸大，比如不要因孩子做错一件事，就全盘否定孩子。如果只批评不表扬，孩子会因你只看到他的缺点看不到他的优点而不满，觉得你有意挑剔，从而不会接受你的批评。

第六章

巧妙拒绝，孩子自然会接受

　　伟大的思想家培根有一句意味深长的话："你知道用什么方法一定可以使你的孩子成为不幸的人吗？这个方法就是百依百顺。"因此，学会巧妙地拒绝孩子的不合理要求，孩子在能够自然而然接受的同时，还能更好地成长和进步。

慈母多败儿，溺爱最有害

本章主题是讲拒绝，讲家长如何有效拒绝孩子的不正当要求，如何通过规则的建立、延迟满足，让孩子得到健康的成长和进步。但是很多家长之所以不能智慧拒绝孩子，多半原因是对孩子的溺爱，无法拒绝孩子的强硬要求，甚至自己也主动满足、应和孩子的一些物质要求。

如今，绝大部分的家庭还是独生子女居多，孩子普遍都在家里是"小皇帝""小公主"，很多家长要么喜欢包办孩子的一切，孩子四五岁了家长还给他喂饭，青春期了还要家长给他洗澡；要么孩子是家里的"领导"，而父母却要唯命是从，要父母向东走，父母不敢向西走。包办型和放纵型溺爱都打着"爱"的名义，实际上对孩子的身心成长是毁灭性的打击。

包办型溺爱中长大的孩子，他们丧失了自我，父母将孩子当成了"自我的延伸"，孩子成了父母的牵线木偶。

听听处于包办型溺爱中的孩子发自内心的呼声吧：

"我母亲太爱我了，以至于将要把我毁灭了。她愿意为我做任何事，但是我深知这样的爱不但会摧毁我这个人，更将摧毁我的人生。我害怕，我愤恨。我每天都跟她讲道理，说溺爱会毁了我，可是每次吃饭时，她还是会不停地给我夹菜，吃掉一口，夹一次菜，吃掉一口，夹一次菜，我说你不要再给我夹菜了，我自己会夹菜，让我自己来，可是她还是会习惯性地夹菜给我！我骂过她，我咆哮，可是第二天她还是会我行我素。我父亲也很反对她这样做，多次提出不要再这样溺爱，可是她依旧溺爱着我。

　　"这简直就是一种变相的折磨，折磨我的灵魂和肉体，我现在

已经离不开这样的爱了。这种爱使我堕落，使我沉迷，使我依赖。只要我母亲一天不放弃对我的这种折磨，我便一天不能从这种爱河中探出头来；只要我稍稍有点靠岸，她便会让水涨上来再次把我淹没。我不停地挣扎，不停地呐喊，可是我却怎么也逃不出这无边无际的毁灭式的爱河。我说你别做了，让我做吧，我已经这么大了，可是她每次都抢着把所有事都做了。她包办了一切事情，更助长了我的惰性，她不辞辛劳地做着，她默默无闻地做着，她任劳任怨地做着，不论我好说歹说，骂过哭过，她都不会让我做一点点的事情。我不要！我不要你这样地爱我，百般地折磨我，我不要，我不要。不论我有多么过火，她还是一如既往，妈妈你怎么这么傻啊！终于有一天我忍不住了，我动手打了她，妈妈伤心极了，说道，我这么爱你，你却这样对待我，妈妈哭了，我也哭了……"

这个妈妈是爱吗？她的无理性的爱，更像一双卡在孩子脖子上的手，要活活掐死孩子的精神生命！她丧失了爱的弹性，该拒绝时却一味给予，不是仁慈，而是伤害；越俎代庖地去照顾有能力照顾自己的人，只会使对方产生更多的依赖性，这就是对爱的滥用。

要想让孩子健康成长，就必须容许他们自尊自爱，学会自己照顾自己。家长还要摆正角色，不能对孩子唯命是从，要适当表达愤怒、不满和期望。爱，不是无原则地接受，也包括必要的冲突、果断的拒绝、严厉的批评。

相对于包办型溺爱来说，放纵型的溺爱更加可怕。在放纵型溺爱中，父母自愿做孩子的"自我的延伸"，他们是孩子的手和脚，心甘情愿地去接受孩子的指挥。

包办型溺爱下长大的孩子，有可能尊重父母和他人，但是放纵型溺爱培养出的孩子却有可能成为"他人的地狱"和"社会的敌人"。在放纵型溺爱中长大的孩子，他们的心中只有自己，他们不尊重父母，轻视别人，也无视法律和伦理道德，他们只想肆意而为。

3岁的时候，楠楠跟着爸爸去亲戚家玩，回到家里后，楠楠突然发现一直攥在手里的一个玩具不见了。那玩具是亲戚给的，发现玩具没有了之后，楠楠着急地哭了起来。爷爷、奶奶、爸爸、妈妈都来安慰他，并承诺第二天给他买他最喜欢吃的东西。但是，楠楠没有妥协："我要！我要！我一定要！！"

他撒泼打滚地哭闹，全家人看得实在心疼，便带上照明工具，"倾巢"出动，沿着回来的路进行"拉网式"搜寻。眼看到了午夜12时，玩具还是没有找到，妈妈看到因绝望而死去活来的孩子，终于硬着头皮敲响了亲戚家的门……

长大后的楠楠，在自己33岁时，爱上了一个女孩，但他喜欢的女孩根本不喜欢他。他不再打滚哭闹，而是拿起一把刀子割破了自己的手腕……

在医院里，楠楠被抢救过来了，但是他却又开始绝食。父母哭着对他说："你想把我们急死？不就是一个女孩吗？人生的路还长着呢，好女孩多的是。"但是他恨恨地说："我就想要她！要她！一定要她！！"

楠楠不能遭受失恋的挫折，是因为长期以来他在家中获得太多溺爱。他长期处于被爱的位置，永远都是他对别人说"不"。一旦有人对自己说"不"，他就很难接受。难以承受挫折是如今独生子女的普遍弱点，家长少些溺爱，才是真正为孩子好。

除了难以承受挫折之外，他们还有严重的依赖心理。他们不能接受独立，必须和其他人黏在一起，他们必须通过其他人对自己的在乎，才能觉得自己有价值。他们先是依赖父母，最终依赖配偶或自己的孩子。他是配偶和孩子的地狱，因为他只知道提要求，让亲人关注自己，但他们却对亲人的需求视而不见。

放纵型溺爱的孩子，一旦他们长大就会发现，离开亲人，自己百无是处，所以会出现严重的自卑心理。但他们又过于自大，不能接受这种自卑，所以会把自卑转嫁到别人身上，并变本加厉地伤害别人。

溺爱让他们养成了自私自利的自我中心主义，这导致他们严重缺乏同情心。他们习惯了愿望立即得到满足，他们没有明白，愿望的满足需要时间，而且得靠自己的努力去实现。"我要，我立即要"，成了他们的习惯，这也是导致很多孩子容易沉溺于电子游戏的一个重要原因。因为只有在电子游戏的世界里，他们的愿望才能立即得到满足。

溺爱的孩子在我的身边就有很多。我们小区里就有一个由于溺爱所造成严重后果的孩子，她不愿交际，只愿意和母亲讲话，面对其他的人都不敢说话；还有一个亲戚家的孩子，什么事情都不会做，连上大学都叫妈妈每天陪伴着，一起睡觉；还有一个完全听从于父母的"乖孩子"，毫无主见，穿的衣服，买的鞋子，头上的发型，全由父母一手操办，在父母眼里，他还是个孩子，穿着打扮也完全按照小学生的样子来，与其年龄极其不符。

慈母多败儿，这是流传在我国民间的一句谚语，有些家庭教育，特别是单亲家庭教育，更应该警惕这句话。

撒泼耍赖也不妥协

亲子营的一次活动上，一位妈妈讲起自己那个调皮的孩子，不知道怎么样才能调教过来。她提起上周的一次经历，讲完才发现，原来这不是只有她家孩子才有的情况，也不是只有她一个家长为此头疼。

周末她带孩子去社区附近的那家大型超市做采购。超市的一楼设置了儿童游乐区，而游乐区附近的货架上则摆满了琳琅满目的儿童玩具。

儿子刚刚踏入一楼游乐区，脚步不自觉地慢了下来。他在这个区域里左看右看，不一会儿就被一辆漂亮的车模吸引了过去。

他拿下那辆车模，央求妈妈买给他。

妈妈好言相劝："宝贝，咱家的车模已经一个展架了，你不能再买了啊，听话！"

"不行！我就是要买，你必须给我买！"儿子不肯让步。

她知道儿子喜欢车模，但是这样见到车模就买，不仅打乱了计划还严重超过日常开支，实在不能妥协。

见妈妈不肯让步，儿子索性躺在地上撒泼耍赖不肯起来。围观的人也越来越多，大家七嘴八舌议论纷纷。她见形势有些失控，气得上去就在孩子屁股上打了两下。即便如此，儿子依然不肯起来。

最终，她做了妥协，买了与家里同款不同色的新车模给儿子，

原本需要采购的物品没有买到就气冲冲地回家了。

我想这位家长遇到的情况并不是特例，所以才引起很多人的共鸣。

小孩子没有那么多的顾虑，他的目的非常直接也非常简单，就是直接获取自己的喜好之物，或者按照自己的意愿随心所欲。他不会考虑天气冷热，就会穿着在家长看来的奇装异服去上学，会在雨天躺在泥堆里开心打滚，会不管礼仪举止，随意抓取餐桌上的食物，等等。

这是正常的，但是如果家长无原则地顺应孩子的这些任意妄为，则孩子的"胃口"就会越来越大，就会逐步失控为不正常现象。就好比故事中撒泼打滚要买车模的孩子，他的行为一定是经过了家长数次的无原则满足所致，与家长的缺乏智慧的教导有关。

也就是说，家长不懂得有效拒绝和调理孩子的不良行为，最终导致一个所谓不听话、忤逆的孩子形成。

不懂有效拒绝的家长，为了自己面子而纵容孩子的行为，会让孩子感觉自己的"撒泼武器"发挥了效能，于是会在类似情境下本能使用这一武器。因此，有效拒绝孩子，让孩子懂得放弃和节制，这会让孩子终身受益。

记得和我住一个单元的邻居家孩子，上幼儿园一周后，有一天上午忽然说什么都不肯在幼儿园待了，就想回去找妈妈，还把幼儿园老师的胳膊咬了一口。

孩子脾气很大，怎么安慰也不见奏效，所以幼儿园老师最终决定让孩子妈妈先把孩子接回去，让孩子情绪有个缓冲。

为了能让他顺利上幼儿园，妈妈已经在之前做了很多工作，但孩子有了情绪，妈妈还是非常重视。她问孩子："宝贝，妈妈在公司工作，你在幼儿园和小朋友学习，然后放学时候妈妈下班去接你，是不是我们已经约定好了的啊？"

孩子不说话，打算不认这个账。

妈妈温柔而坚持，继续问道："宝贝，你知道妈妈爱你，因为你是个懂得约定的好孩子，你如果记得我们曾经的约定，那就点点头，好吗？"

孩子听了，点了点头。

妈妈继续说道："如果你不遵守约定，你一个人在家里，没有妈妈陪伴，没有老师和小朋友一起和你学习、做游戏，你能接受吗？"

小家伙一听，觉得自己可以接受，忙说："那，我不上幼儿园的话，我就可以接受！"

见孩子还在寻找机会耍赖皮，妈妈严肃说道："如果你不遵守我们之间的约定，我也很晚回家，你一样看不到妈妈，大家彼此都互相说话不算数，你能接受吗？"

"不能！"孩子脱口而出。

"那现在，我们要不要遵守约定，你上幼儿园，然后妈妈赶回去工作呢？我们都做一个遵守约定的好孩子，你按时上幼儿园，妈妈按时上班、接你放学，好不好？"

孩子想了想，说："那，好吧！"

"那，宝贝，妈妈现在有什么可以帮助到你的吗？"

"妈妈可以送我去幼儿园，然后放学后等着你来幼儿园接我呀！"小家伙开心地回答道。

吃过午餐，妈妈带着孩子重新回到了幼儿园，孩子从此再也没有哭闹过。

我们用心品味这个妈妈与孩子前后的对话，她以温柔的坚持向孩子传递了一个信息：你我有个彼此都不能破坏的约定，所以你必须按照约定回到幼儿园，否则，即使在家里你也可能看不到妈妈！

这种软坚持的方式，让孩子知道了家长可以包容的底线，也知道自己到底错在了哪里，一举两得。

所以，不要单纯地靠妥协或恐吓来处理孩子的不良情绪，孩子虽小，但也不是不可理喻，只要根据孩子自己的性格特点，然后结合问题发生的前因后果，就一定能够有效拒绝孩子的无理行为。

更重要的，孩子也会在家长的理性拒绝中，学会懂得遵守规则、懂得彼此的约定，懂得克制和取舍。

说"不"时的4个要点

生活中，还有这样一种家长，当孩子提出一些较为过分的要求，或者孩子自身不能遵守约定、规则时，他会简单粗暴地直接对孩子说"不"，以此传达出自己的拒绝不可商量，没有任何回旋的余地。

这样的方式很容易达到最终的目的，但是孩子容易受伤害。现在，我们先来看看下面这个故事。

夏米5岁了，非常喜欢吃零食，因为零食含有大量的糖，所以她的牙齿健康严重受损。为此，当妈妈听到了牙医对孩子牙健康问题提出的建议时，表示要坚决执行，绝对不会再让孩子触碰高糖零食。

周末的一天，夏米的好朋友拎着一盒糖果来到她家和她玩。好朋友好心地拿出糖果来与夏米分享，夏米高兴得笑出了声，扒开一颗奶糖就想塞进嘴巴里。

这一幕恰巧被坐在沙发上的妈妈看见了，喊了一声"不准吃"，然后过去把那颗糖硬生生地从嘴巴里抠了出去。

眼见着到嘴的糖吃不了，夏米委屈地哭了起来。妈妈见状，高声说道："不许哭，今天你就是不许吃糖！"

最终，小伙伴离开了，夏米自己跑到房间，一直抽泣个不停。

夏米妈妈不是铁石心肠，她当然知道这会伤孩子的心，但是为了孩子的健康，她还是冷冷地以"不"做了回绝。这样的处理方式有问题吗？当然有！问题就在于孩子自身并没有关于牙齿的健康保养和保护牙齿的意识，而妈妈也没能以恰当的方式让孩子心服口服。

一个孩子，当他接收到的是不知缘由的、冰冷的来自家长的拒绝时，他会觉得父母狠心，不爱自己，以他的认知并不能理解家长的好意。

我们再来看另外一个故事。

女儿美术比赛取得了好成绩，妈妈为了奖励女儿，就为她买了一个她一直渴望的小猪抱枕，这让女儿比得了奖还高兴。

假期的一天，女儿的好朋友来家里玩，考虑到晚上可能留在家里住宿，对方也拿来了一个抱枕，是个比女儿抱枕大出好几倍个头的同款小猪抱枕。

与好朋友的抱枕一对比，女儿显然有些失落，希望妈妈能给自己也买一个那样大的回来。

妈妈当然知道女儿怎么想的，她问女儿："你已经有了一个抱枕，你将它当作你最好的小伙伴，每天抱着它一起进入梦乡。如果你再买一个回来的话，那它就会没人照顾了，它也会很伤心，就像我去照顾别的小朋友一样，你是不是也会很伤心呢？"

女儿听了，沉默不语，但明显情绪有了好转。妈妈继续说道："我们爱自己的小伙伴，是不是不管它多么小或者多么丑陋，我们都不会丢弃它呢？"

女儿点了点头，说道："妈妈，我决定了，我一定会继续好好照顾我的这个小猪，就像妈妈说会永远照顾我、不离开我一样！"

看着女儿坚定的眼神，妈妈也郑重地点了点头。

旁边女儿的小伙伴听了，也很感动，也更加充满爱意地抱紧了自己的小猪抱枕。

此时，妈妈建议道："今天晚上，你们可以轮流照顾彼此的小猪朋友，可以让大小两只小猪并排躺在一起，让它们也有机会成为好朋友，好不好？"

两个女孩听了，高兴地抱着各自的抱枕，回房间去了。

没错，当孩子提出什么不合理的要求，或者做错了什么事时，如果家长只是简单地告诉孩子"不"或"不行"，而不告诉孩子拒绝他的理由，那么孩子的自尊心就会受到伤害。

因此，我们对孩子的请求表示拒绝时，要以表达自己对于他的爱为前提，让他知道这不是有意伤害，而是有原因的。这样，孩子在感觉到来自家长的尊重和爱时，就会自然而然地接受这样的安排。

当然，家长在说"不"的时候，如果能注意以下这些要点，所能呈现出的效果就会更好：

1. 态度要坚决

不能以含糊不清的态度让孩子去猜测，只有明确的拒绝态度才能与孩子简单而直接的思维进行对接。

2. 语气要委婉

家长说"不"时，要站在孩子的角度平静、温和、委婉地向孩子阐明原因，不能因此伤害孩子自尊。

3. 执行要到位

很多家长尤其妈妈，可能会因为孩子的哭闹而有所妥协，这就需要冷处理孩子的无礼行为。

4. 矫枉莫过正

如果孩子的请求总是得不到满足，这就是矫枉过正，会让孩子陷入另一种情绪极端，同样对教育不利。有时，必要的一次所谓妥协，反而可能更让孩子感觉到家长的权威性和可亲近性。

抓住"讨价还价"中的主动权

有家长开玩笑说，养育一个孩子的过程就是不停地与孩子进行"讨价还价"的谈判过程。这话听着有些辛酸、自嘲甚至无奈，但的确有着一部分道理。正所谓"话糙理不糙"，只是在这样的谈判过程中，有些家长因为失去了主动权，因此对孩子的管教就显得有些不知所措。

周五放学，三年级的李峰同学就开始写作业，想到明天就是周六，早早写完作业就可以看自己喜欢的街舞节目了。

写完作业，吃过晚饭，得到家长同意后，李峰打开电视开始看节目。好动的李峰格外关注每期的街舞节目，几乎场场不落。

爸爸妈妈散步回来后，看见李峰还在看电视，指了指墙上的时间，告诉他 9 点钟了，上床睡觉的时间到了。

"爸爸，妈妈，明天是周六，我的作业也写完了，我想再看一会儿嘛，求求你们了，好不好？"李峰做了个鬼脸，请求道。

见儿子说得也有道理，爸爸妈妈也就没再阻拦他。

又一个小时过去了，街舞节目结束了，李峰又开始看起另一个频道的篮球直播。

这时，爸爸从卧室走了过来，说道："儿子，已经10点钟了，你得休息了，太晚睡觉对身体不好！"

电视里，场上的比分格外胶着，李峰有些不太情愿，开始央求起来："爸爸，我就把这个最后结局看完，然后我就睡觉！"

看着儿子信誓旦旦的样子，爸爸转身去卧室睡觉了。

时间很快，又一个小时过去了，妈妈依稀听见客厅的电视声音，也走了过去让儿子休息。此时，李峰又已经沉浸在新一轮的节目中不能自拔。

"李峰！我命令你，你现在必须上床睡觉，听见没有？"妈妈生气了，大声命令道。

"妈妈，我发誓，就看20分钟，我一定睡觉。"儿子可怜巴巴地哀求。

"不行！"

"10分钟！"

"不行！"

"5分钟？"

"不行！"

李峰最后哭了起来，死死地抓住遥控器，不肯放手。

爸爸听到争吵声，再次走了过来，见妈妈尽管一脸怒气但是又毫无办法，就和李峰商量道："儿子，你怎么样才能立刻去睡觉，谈谈吧。"

　　听到爸爸这么说，李峰来了精神，说道："要是明天你能给我买个篮球，我现在就睡觉！"

　　"你不是有篮球吗？"妈妈问道。

　　"我就是还想再要一个嘛！"李峰坚持道。

　　"好，好，爸爸明天就给你买，一言为定！"爸爸连忙答应。

　　就这样，李峰满意地洗漱睡觉去了。

　　可以看得出，整个过程下来，爸爸妈妈完全被儿子控制着，彻底失去了"谈判"的主动权，最终不仅没能让孩子按正常时间休息，还以买篮球为代价换取孩子立即上床休息的结果，这不仅没有达到教育目的，甚至还变相鼓励了孩子的这种赖皮行为。

　　我们再来看看另外一个"谈判"故事。

　　和其他小朋友一样，3岁的李琦刚刚上幼儿园小班。她喜欢漂亮的衣服，因此每天都会自己精心挑选，穿上自己心仪的服装才肯上学。

　　有一天早上，李琦一直哭鼻子，说什么也不想上幼儿园。

　　妈妈问她："你怎么啦？每天不是都好好的吗？今天怎么不开心了呢？"

　　"因为你把我今天准备的那件衣服泡在洗衣机里了，这样我就没办法上学了呀！"李琦哭着解释道。

"没有关系啊，你还有很多其他漂亮衣服可以穿啊！"妈妈很不解。

"不行，那件衣服是我要穿给新来的一个小朋友看的，那上面有一朵漂亮的小花，我要让她看看。"李琦耐心地回答道。

妈妈恍然大悟，笑着说道："我明白你为什么这么坚持要穿那件衣服了，但是你有没有听老师说要穿'干净整洁的衣服上学'呢？"

李琦停止了哭声，不说话。

妈妈见状，又补充了一句，说："那件衣服昨天你做游戏的时候不小心弄脏了，那朵花也不漂亮了，等妈妈今天给你洗干净了，明天你就可以让你的好朋友看见一朵又美丽又干净的小花了，好不好？"

李琦没说话，但明显不再有过激情绪了，妈妈趁势将一件新衣服给女儿穿上，并承诺一定让女儿明天穿那件带花的衣服上学。

终于，李琦又露出了开心的笑容，和妈妈走在去往幼儿园的路上。

就是这样，现在的李琦在与妈妈的各种"谈判"中成为小学三年级的学生，也成为很多师生眼中明事理又有自己独立想法的好孩子。

这个故事中，李琦的妈妈之所以能掌握主动权，就是充分利用老师对孩子的影响力，以老师说过的那句"穿干净整洁的衣服上学"为理由，让孩子乐于接受这样的劝告。

关键的一点是，家长在与孩子交流时，如果能够触及孩子内心的防御点，就能很好地抓住交流的主动权，当然，这个防御点需要家长提前做好设置。比如说，"9点之前必须睡觉""看动画片不能超过1小时""不能说脏话""不能撒谎""未经允许，不能拿别人的东西"……在这个限度之内，可以容忍孩子；一旦越界，就让孩子知道要为此付出代价。

因为越界而付出的代价不是指挨打挨骂，而是让孩子意识到问题出在自己身上，感受到了一种无形的震慑力。

上面那个看电视没完没了的李峰，就是因为家长没有做好时间限制，或者即使做好了限制而没有让孩子为超时付出过代价，所以才会造成沟通无效的结果。而李琦小朋友的防御点是老师对小朋友的着装要求，是她内心早已确定无疑的底线，所以沟通就很容易进行。

家长和孩子进行的每次沟通对孩子来说都是一次珍贵的成长机会，如果这些防御点没有设置得当，或者设置后没有做好奖惩，孩子就会养成任性自私、无理取闹的个性，长此下去，就很难培育出一个素养较高的孩子了。

另外，家长在与孩子沟通时，尽量把注意力集中在那些最希望孩子改变的行为方式上。对此，你解释得越具体、越明白，孩子的表现就会越好，这样，谈判的效果也就越好。

在融洽的气氛中立好规矩

中国有句俗话，叫"没有规矩，不成方圆"。但有些家长就有些困惑，如果给孩子立规矩，会不会限制孩子的个性发展呢？当然，如果不立规矩，又担心孩子任性妄为，不懂礼节。

事实上，给孩子立规矩这一点毋庸置疑，只是如何给孩子立好规矩并让孩子从中受益，这才是家长应该动的脑筋。毕竟，立规矩可不是那么简简单单就可以操作执行的，尤其是对于低龄孩子来说，那就更是难上加难了。

周日的早晨空气很好，阳光也不错，李可想让妈妈带自己去儿童乐园坐海盗船。考虑到上午 11 点钟要和同事商讨一个商业项目，妈妈和李可约定，到了 10 点半就必须离开游乐园。

听到妈妈同意带着自己去坐海盗船，李可非常高兴，满口答应下来。

游乐园的人很多，妈妈和李可排队玩各种项目，就这样过去了一个多小时，她们抓紧时间，终于排到海盗船了。坐上海盗船的李可非常兴奋，和其他小朋友一样，随着海盗船的高低起伏而大叫不停。

玩过了海盗船，李可又盯上了过山车，尤其有个奥特曼造型的座椅深深吸引了李可。她开始央求妈妈："妈妈，我想坐那个奥特曼座椅，让我玩那个好不好？"

妈妈看了看时间，担心和同事的约会迟到，就对女儿说："李可，咱们约定的时间马上就要到了，我们必须回家了。"说完就拉着女儿的手往回走。

李可正在兴头上，蹲在地上，说什么也不走。

"不是说好了吗，你怎么说话不算数呢？况且，妈妈也已经和其他人约定好了。"妈妈耐心和李可讲道理。

"不！我还想玩过山车，就一会儿还不行吗？"李可不肯听解释。

"那我晚上带你去吃比萨好不好？只要现在你就和我走。"妈妈哀求道。

"不，我要吃肯德基！"李可强硬回复道。

最终，妈妈答应了女儿的条件，匆匆往家赶。

小孩子喜欢玩乐、游戏，喜欢无拘无束不被限制，给他定规矩，他当然不愿意。尤其当孩子处于兴奋状态时，似乎之前所有的规矩都成了随口一说，好像从未发生过。

李可妈妈约定的时间为何没有奏效？这与立规矩的时间、氛围都存在很大关系，事到临头立规矩，这样的有效性必然会打折扣。

　　4岁的李阳拥有一堆玩具，看着满箱子的玩具，妈妈意识到需要给孩子讲一些规矩了，否则家里连落脚的地方都没有了。

　　一天晚饭时间，李阳和妈妈商量说："妈妈，我抓紧吃饭，然后只看一集巧虎动画片，好不好？"

　　实际上，晚饭的时间也已经很晚了，妈妈有些担心，所以没很快答应。

　　见妈妈不说话，李阳眼睛一转，说："妈妈，我只看一集，一集只有10分钟，我很快就看完了。"

　　妈妈知道，孩子一旦看上动画片，就很难停下来，想来想去，想到了一个好办法。她专门选了一集主题为《遵守约定不赖皮》的巧虎动画片，然后说："妈妈也很喜欢巧虎呢，我陪着你一起看吧。"

　　当遵守约定不赖皮的巧虎按照约定完成了购物、吃饭、洗漱及睡觉等日常环节后，妈妈说道："哎呀，巧虎还真是个遵守约定的好孩子呀，我相信李阳小朋友也像巧虎一样遵守约定不赖皮吧？"

　　"那当然！"李阳自信地回复道。

　　"那今天我们就也像巧虎一样，做好三个约定吧：一是每次外出听妈妈的话，只买一个玩具不赖皮；二是约定时间吃饭、洗漱、睡觉不赖皮；三是什么呢？"妈妈趁热打铁，并且故意留出一个空余的规定让李可自己填充。

　　李阳挠挠脑袋，想了一会儿，说："每次看动画片，只看一集不赖皮！"

"哇，宝贝真棒！如果有需要，妈妈可以陪着你一起看哦！"妈妈强调道。

"好啊！好啊！"李阳拍手答应。

由此，三个约定在融洽的气氛中达成了。

规矩对孩子的成长，不但起着约束作用，更会使孩子有安全感。

如何有效地给孩子立规矩、做约定？其实，只要能做到像李阳妈妈那样，在融洽的气氛当中，从积极的角度和孩子做好简单又容易执行的约定就很好了。其中，融洽的气氛就是指孩子处在舒适的状态，比如家长陪孩子一起吃美食、看他喜欢的动画片、阅读与规矩主题有关的儿童故事等等，孩子很容易接纳家长所提出的倡议、约定细则。

稍稍展开来说，有以下几个原则，在家长给孩子做约定、立规矩时可以参考：

1. 根据孩子具体情况制定规则

无论什么样的规则建立都是为了更好地服务于人，因此，结合自己孩子年龄、性格及成长需求来确定细则是根本，切不可盲目照搬照抄不符合孩子成长阶段的条目。

2. 规矩细则要简单明了，方便孩子理解

孩子的理解能力有限，因此细则要尽量简单明了、通俗易懂。

当孩子可以将规则内容内化成一种习惯时，再制定新的规则。

3. 订立规矩时要与孩子做好沟通

很多孩子不太理解规则的制定目的，这需要家长与孩子做好充分沟通，让孩子意识到这些细则对他的进步有益，他才会发自内心地接纳和执行。

尽管"规矩"一词听起来有些冰冷，但是以爱为前提的约束才是真爱。培养孩子的独立思考和行为能力，这是每个家长义不容辞的责任。让每个孩子活在一个有界限的自由世界，他的人生才会圆满，情绪才会健康，身心才会健康成长。

培养孩子延迟满足能力

伟大的思想家培根有一句意味深长的话："你知道用什么方法一定使你的孩子成为不幸的人吗？这个方法就是百依百顺。"

周末，妈妈没有外出，准备给一家三口做点好吃的蛋糕，尤其女儿艳艳，一直就嚷着要吃水果巧克力蛋糕。

因为担心浪费，妈妈提前几个小时就按照三人的分量，做好了原材料的筹备工作。此时，妈妈正在忙碌，4 岁的艳艳则在一旁边玩玩具边盯着妈妈做蛋糕，巴不得现在就能吃一口。

过了几分钟，艳艳拽着妈妈衣角，说："妈妈，我想现在就吃蛋糕。"

"蛋糕还没准备好呢，你再等一个小时吧。"

"那，我先吃点巧克力吧。"艳艳开始讨价还价。

"妈妈准备的材料有比例，没有多余的给你吃哦，你再等一会儿就可以吃到美味的蛋糕了。"妈妈极力安慰女儿。

"我不管，我现在就要吃！"艳艳耍起小脾气，还把手里的玩具扔得很远。

见女儿等不及，觉得让女儿再等一个小时也有些残忍，妈妈做了妥协，给女儿拿走了几块巧克力和水果。

读了这个故事，很多家长可能不以为然，认为随手给孩子点零食不是什么大不了的事情，不需要那么上纲上线到教育问题。但是，对于一个几岁的孩子来说，一颗糖、一块水果的诱惑就是天大的诱惑，我们今天满足了他一口，明天让他自行偷吃了一块，试问，什么时候他会有自我约束能力、自控意识呢？

每个孩子的培育都是由每个当下的瞬间组成的，很多机会稍纵即逝，习惯的养成、素养的培育、感恩心的启蒙，没有一个孩子会独立完成自我"包装"，然后走向社会。

所以，那些任由孩子耍性子的家长，你永远不会填满经由我们放任而成的那个欲望的黑洞。要知道，孩子的企图没有好坏之分，他一遍遍经由试探成功获得满足后，一切的愤怒、要挟甚至以死抗争就会习以为常，不达目的决不罢休，那时家长悔之晚矣！

人类欲望的满足主要有延迟满足、适当不满足、超前满足、即时满足、超量满足等。好的教育总是提倡"延迟满足"和"适当不满足"。"超前满足"是愚蠢的行为，"超量满足"则是浪费的举动。

家长对于孩子的不合理要求一味迁就、让步，这种现象在心理学上就叫"即时满足"。也就是说，孩子想要什么，家长马上给予。

那些快速得到"即时满足"的孩子，常常会因为家长的动作稍慢一点儿，就大呼小叫，有时还会对家长拳打脚踢。在孩子的思维里，他想要什么就能得到什么，什么时候想要就什么时候可以获得，因为习惯性的"即时满足"从来没有让他感到失望过，他接受不了不可获得甚至获得较慢的给予，更不用谈对他人的关注和感恩了。

20 世纪 60 年代，美国斯坦福大学心理学教授沃尔特·米歇尔曾对斯坦福大学幼儿园的孩子们进行过著名的糖果试验——延迟满足试验。那些 4 岁的孩子们面临着两种选择：一个大哥哥要去办点事，如果等到他回来，可以得到更多的糖果；如果不愿等，只能拿一块，立刻可以拿到。

十几年后，研究者发现，那些耐心等待的儿童中学毕业后，在社会适应能力、自信、处理人际关系、面对挫折、积极迎接挑战、不轻言放弃等心理品质方面，远远高于那些不能等待的儿童。

　　小青家开了一家超市，为了招揽生意，她家的超市门前设置了一台美羊羊投币摇摇车，每当一个硬币投进去，投币车就开始唱歌摇动起来，小孩子非常喜欢。

　　刚刚设置时，小青也和很多小朋友一样，一旦坐上去就舍不得下来。

　　这一天早上，小青早早起了床，小脸蛋都没洗就穿着鞋子跑出

门去。她一屁股坐上投币车就开始大声喊妈妈："妈妈！快点给我打开啊，我要听美羊羊唱歌！"

妈妈正在做早餐，就告诉小青："你先吃完早餐再玩好不好？"小青不肯听，还是一个劲地嚷嚷："我就是要坐投币车，我要听美羊羊唱歌！"

见女儿急不可耐的样子，妈妈走过去对小青说道："妈妈现在在给全家人做早餐，需要等一会儿才能给你启动美羊羊投币车，你现在可以回房间看书等待。"说完，转身就回去继续忙碌。

十几分钟后，妈妈的早餐程序忙得差不多了，才来找小青，结果发现小家伙正安静地坐在房间看书，还一脸投入的样子。

怎么样？是不是觉得延迟满足也没那么难做到？小青妈妈只是坚持了自己的立场，并没有彻底否决孩子的要求，只是经过了这样一个缓冲的过程，小青那种要求即时满足的情绪就有了转化。

举例来说，孩子刚喝过一杯热奶，却又想要吃一支冰激凌。妈妈可以尝试着这样做："宝宝，喝完奶你的小肚子已经鼓鼓的了，再吃冰激凌小肚子快装不下了。这样好不好，今天不吃了，明天妈妈带你吃儿童套餐，还能有小玩具呢？"

我们给了孩子一个更好的选择，但是需要等待，这就延迟满足了孩子当下的欲望，很好地锻炼了孩子的自控能力。通过这样的延迟满足，在孩子自然而然接受的同时，能够渐渐懂得：并不是每一件东西我都必须立刻拥有！

　　需要提醒家长朋友的是，在培养孩子延迟满足能力时，态度一定要温和而坚定。比如，当孩子坚持要买糖吃，你可以这样对他说："抱歉，我的宝贝，妈妈给你的零花钱已经不够买这颗糖吃了，你可以帮助咱们家打扫客厅卫生来赚点零花钱，这样你的零花钱就可以买糖吃了。"

　　通过这样的方式，既锻炼了孩子参与家庭事务的能力，还能让孩子真切地感受到家长的爱是真心的，只要晚一点儿时间就可以吃到那颗糖，如果自己能帮忙打扫卫生，还会提前吃到那颗糖。